早稲田大学大学院教授
パブリックサービス研究所所長
小林 麻理 編著

公共経営と
公会計改革
Public Management and Accounting Reform

三和書籍

は し が き

　公共経営とは何か。
　公共経営は、従来の行政運営とどのように異なるのか。
　公共経営は、企業経営とどう異なるのか。
　公共経営において会計はどのような役割を果たすのか。
　公共経営において公会計改革はどのように進められているのか。
　公共経営において政府、民間、市民の役割とは何か。
　公共経営はどのような市民社会を実現するのか。

　本書の目的は、これから公共経営を学ぼうとする人が、これらの問いに取り組むためのガイドを提供することである。公共経営（Public Management）は、伝統的には行政（Public Administration）と呼ばれ、主に行政学や財政学の領域であった。これに変革の契機を与えたのは、ニュー・パブリック・マネジメント（NPM）の考え方である。NPMは、政府／行政という公的な分野に民間の考え方やマネジメント手法の導入を促進した。これによって、伝統的な行政運営を担ってきた政府は、漕ぎ手から舵取りへ、そしてさらにはコーディネーターへと変容する道が開かれたといえる。公共経営の担い手が、政府だけではなく、民間セクターであり、市民セクターにも拡張される契機が生み出されたのである。公共経営には、したがって、この多様な担い手の中で、公共価値の実現に向けて効果的なマネジメントを行う任務が与えられている。少子高齢化や、財源の

制約がもたらす、さまざまな問題に取り組んで、人々が安心・安全、しかも豊かさを実感できる生活を生み出すための理論と実践が公共経営という領域に求められているということである。

　企業と異なり、利益という定量的で明確な尺度が、公共経営には基本的に存在しない。このことは、公共経営が解決すべき課題に対する有効な解が一つとは限らないことを意味している。さまざまな環境の相違の中で、社会に潜在するさまざまなニーズやアクター、要素をマネジメントに取り込み、課題に対して最適な選択を行うことが常に求められるということである。そこでは、グッドプラクティスの積み重ねと社会的な共有が不可欠であり、限られた資源の中で、いかに公共サービスを効率的かつ効果的に提供するかという困難な課題に対する常に真剣な取組みが求められる。

　本書は、このような特質をもつ公共経営について、行政が、従来型の行政管理ではなく、市民社会ガバナンスの考え方を軸とする公共経営（Public Management）へと進化していることについてその基本概念を理解することを目的としている。企業経営の手法を政府に取り入れるニューパブリックマネジメントから、さまざまな市民社会の担い手との協働を促進するニューパブリックガバナンスへと進展していく過程で、PFIや市場化テストなど様々な行政運営手法が出現する。それのみならず、企業経営において会計が羅針盤の役割を果たすように、公共経営による改革には公会計改革が不可欠であり、その重要な成功要因である。この世界的動きの中で、日本の公共経営及び公会計改革がどのような背景を経て、現在どのような段階にあるのか、国、独立行政法人、地方を対象として、日本の現状を読者が把握し、課題について考える手がかりを提供する。さらに日本及び海外の取組について、事例を通じて理解を深めることを意図している。

　漸く公共経営改革、公会計改革の緒に就いた日本では、これらの論点に関する理論と実践を扱ったテキストは極めて少ない。本書はそのような中で、早稲田大学パブリックサービス研究所（所長小林麻理）が2007年度以降、早稲田大学オープン教育センター設置講座として開設した「公共経

営入門講座」「公会計入門講座」の受講者との応答を基礎として、誕生したものである。受講者は毎年増加し、受講者の授業に対する姿勢は、公共経営や公会計改革に対する関心が確実に高まっていることを実感させる。講座では、パブリックサービス研究所の招聘研究員がさまざまな事例や取り組みを紹介している。本書は、そのような事例も盛り込み、公共経営と公会計改革について最新の論点とトピックを学ぶことができるようにした。その意味で、本書はパブリックサービス研究所の研究員の知見の集大成ということができる。

　最後に、本書を出版に導いてくださった三和書籍、同編集長下村幸一氏に心からの感謝を捧げる。

2012年12月
早稲田の杜にて
小林　麻理

公共経営と公会計改革　目次

はしがき……………i

第1章 イントロダクション
―――今なぜ公共経営と公会計改革が重要か――― 1

 1 政府／行政の課題とは：本書の基本的問い……………1
 2 行政管理から公共経営へ……………4
 3 公共経営とは：本書の目的と構成……………5
 column 4条公債、特例公債とは……………6
 column アカウンタビリティ……………7

第1部 公共経営と公会計の基本的考え方

第2章 公共経営の基本的考え方――― 11

 1 オープンシステムとしての政府と公共経営の特質……………11
 2 公共経営改革モデル……………13
 3 公共経営改革の4パターン……………15
 4 新しい公共経営の考え方
  ―――ニュー・パブリック・マネジメント（NPM）……………18
 5 従来の行政管理、新しい公共経営、
  さらに新しい公共サービスへ……………19
 column NWS（ネオウェーバー主義国家）とは……………21

第3章 公共経営の変容と公会計改革 ── 23

1. 公共経営における公会計の役立ちとは……………23
2. これまでの行政運営における会計の役立ち
   ──予算改革と会計の機能……………25
3. 地方自治体の行政経営における公会計の機能……………27
4. 公共経営の変容における会計学の機能……………28
   (1) 公共経営の変容とは何か……………28
5. 公共経営の変容において
   会計はいかなる機能を果たし得るのか……………30
6. 公共経営の変容における会計学の課題……………32

第4章 公会計改革の基本的考え方 ── 35

1. わが国地方政府の公会計改革略史……………35
2. わが国の地方政府の官庁会計が抱える課題……………38
   (1) 第1群:ストック情報とコスト情報の欠如……………38
       1-1　ストック情報の欠如……………38
       1-2　コスト情報の欠如……………39
   (2) 第2群:アカウンタビリティ（説明責任）と
   　　マネジメントの欠如……………39
       2-1　アカウンタビリティの欠如……………39
       2-2　マネジメントの欠如……………40
   (3) 第3群:検証可能性の欠如……………40
3. イギリスと韓国からの教訓……………40
   (1) イギリスからの教訓1「会計による管理の徹底」……………41
   (2) イギリスからの教訓2「政府サービス改善運動」……………42
   (3) イギリスからの教訓3「政府会計の政治性」……………44
   (4) 韓国における地方政府改革からの教訓……………45
4. 公会計改革の基本的考え方……………46
   (1) 官庁会計にみる欠如から学ぶべきこと……………46
   (2) 公会計改革の先進国からの教訓から学ぶべきこと……………46

① 「会計による管理」を徹底すること……………46
② 会計改革は「政府サービスの改善運動」であること…………47
③ 会計改革は政権によって左右されること……………47
④ 政府の強力なリーダーシップが重要である……………47

第5章 公共経営改革と公会計改革の世界的潮流 ── 49

1 ニュー・パブリック・マネジメントの世界的潮流と特質……………49
2 米国における結果指向の政府マネジメントの進展……………51
 (1) 米国連邦政府における公共経営と公会計改革……………51
  Ⅰ GPRAの目的……………51
  Ⅱ GPRAにおける戦略計画と業績評価の内容……………52
   1) 戦略計画……………52
   2) 業績計画と業績報告書……………53
  Ⅲ GPRAの実施ステップ……………54
  Ⅳ 米国会計検査院によるGPRAの実践……………55
 (2) 米国地方政府におけるマネジメント改革のフレームワーク……………57
3 英国の資源会計予算における管理会計の機能……………59
 (1) 英国における結果指向の政府マネジメント改革……………59
 (2) 資源マネジメントのフレームワーク……………60
4 ドイツにおける公共経営と公会計改革……………62
 (1) ドイツにおいてNPMの取組はなぜ遅れたか……………62
 (2) 1990年代における抜本的な変革──NPMへ……………64
 (3) ドイツ版NPM──ニュー・ステアリング・モデル……………66
  Ⅰ ティルブルグモデルとは何か……………66
  Ⅱ NSM推進における自治体共同機構の機能と貢献……………67
  Ⅲ ハードからソフトの改革の必要性……………68

第2部 日本における公共経営と公会計改革

第6章 日本における行財政改革の基本問題 —— 73

1 国の課題：財政構造改革から小泉改革、そして新たな公共へ……73
　(1) わが国の財政の状況……73
　(2) 1975年以降、国債大量発行時代へ……75
　(3) バブル崩壊と財政構造改革……75
　(4) 小泉内閣の構造改革とNPM……76
　(5) 民主党政権と新しい公共……78
2 国における公会計改革の歩み……81
　(1) 行政改革の進展と公会計制度の整備……81
　　i) 行政改革と公会計制度……81
　　ii) 公会計制度見直しに向けた体制整備と基本的考え方……82
　(2) 公会計制度整備への取組……83
　　i) 国の貸借対照表の作成……83
　　ii) 独立行政法人の会計基準……85
　　iii) 特別会計財務書類作成基準の制定……85
　　iv) 省庁別財務書類の作成……86
　　v) 政策別コスト情報の把握と開示……87
3 地方の課題：地方分権改革の推進と求められる行財政改革……89
　(1) 地方分権改革と地方自治体の現状……89
　　i) 地方制度の現状の問題点……90
　　ii) 基本方針2006……91

column 夕張破綻と財政健全化法……92

　　iii) 基本方針2007……93
　　iv) 基本方針2008……94

column 地方の財政依存～地方交付税措置と臨時財政対策債……95

　　v) 民主党への政権交代後……97

4 行政改革大綱、集中改革プラン、
地方行革新指針等による行政改革の方向性（人件費改革）、
公共サービス改革、地方公会計改革……………98
 ⅰ）行政改革大綱……………98
 ⅱ）集中改革プラン……………98
 ⅲ）地方行革新指針……………99
 ⅳ）その後……………101
5 公会計改革、マネジメント改革（行政評価等）の必要性：
財務書類の作成状況、行政評価の実施状況調査による
現状把握……………101
 (1) 地方公共団体の財務書類の作成状況等……………101
  ⅰ）平成22年度版財務書類の作成状況……………102
  ⅱ）活用状況……………103
 (2) 行政評価の実施状況……………104
  ⅰ）行政評価の実施状況……………104
  ⅱ）評価結果の活用方法……………104

第7章 日本における公共経営と公会計改革の歩み ── 107

1 独立行政法人制度……………107
 (1) 独立行政法人とは……………107
 (2) 独立行政法人制度の法体系……………107
 (3) 独立行政法人制度の特徴……………108
  ⅰ）業務の効率性及び質の向上……………108
  ⅱ）法人の自律的な業務運営……………109
  ⅲ）業務の透明性……………110
  ⅳ）業務の自主性……………111
 (4) 独立行政法人の評価制度……………112
  ⅰ）業務実績評価……………112
  ⅱ）中間目標終了時の見直し等……………112
   ① 主務大臣の検討……………112

　　　　② 府省評価委員会の評価……………113
　　　　③ 政策評価・独立行政法人評価委員会の評価……………113
　　(5) 独立行政法人通則法の改正状況……………113
　2　独立行政法人の会計……………114
　　(1) 独立行政法人会計の位置づけ……………114
　　　i) 独立行政法人会計の特徴……………114
　　　ii) 複数の会計基準……………115
　　(2) 独立行政法人会計における財務諸表……………116
　　　i) 損益計算書……………116
　　　ii) 貸借対照表……………117
　　　iii) キャッシュフロー計算書……………118
　　　iv) 利益の処分又は損失の処理に関する書類……………118
　　　v) 行政サービス実施コスト計算書……………119
　　　　①業務費用……………119
　　　　②法人の責任ではないが国民負担となる費用……………119
　　　　③機会費用……………120
　　　　④固定資産の減損額、資産除去債務にかかわる減価償却及び
　　　　　利息費用相当額……………120
　　　vi) 附属明細書、決算報告書……………121
　　(3) 独立行政法人特有の会計処理……………121
　　　i) 運営費交付金の会計処理……………122
　　　ii) 特定資産の減価償却……………122
　　　iii) 減損会計の導入……………123

第8章　公会計と予算制度改革 ―――――― 125

　1　わが国における公会計と予算制度……………125
　　(1) 公会計と予算制度改革……………125
　　(2) NPMと機能しない業績評価システム……………128
　　(3) 予算編成と業績評価の統合化へのアプローチ……………130
　　(4) 予算の機能と事業の作りこみ……………132
　2　予算企画の事例……………134

(1) 大阪府八尾市における取組み………134
　　(2) 八尾市における予算編成プロセス………135
　　(3) 調整活動と会計情報………137
　3　予算編成における調整の意義と会計情報………139
　4　予算制度の効果的な運用に向けて………140

第3部 公共経営と公会計改革の実践例

第9章 日本における公共経営と公会計改革の実践例
（静岡県――「変える」ための改革――） ——— 145

　1　行政改革の背景………145
　2　リエンジニアリングをテーマとする行政改革………147
　　(1) 施策展開表（平成9（1997）年度～なお、23（2011）年度までは「業務棚卸表」）………147
　　(2) ひとり1改革運動（平成10（1998）年度～）………149
　　(3) 県民参加型の事業仕分け（平成21（2009）年度以降・県民参加型に大きくシフトしたのは平成23（2011）年度から）………150
　3　行政改革の成果　～どれだけ変わったか～………151

第10章 日本における公共経営と公会計改革の実践例
（北上市） ——— 155

　1　背景………155
　2　行財政改革の経緯………156
　3　北上市における構造的改革への挑戦………158
　　(1) 役割検証………158
　　(2) サービスへの公費投入水準………160
　4　北上市における経営改革………161

(1) 受益と負担の概念……………161
　　　(2) 具体的見直しのプロセス……………162
　　　(3) 先送りできない負担への対応……………163
　　　(4) 改革内容……………164
　5　行財政改革と公会計改革……………165
　　　(1) 公会計改革の必要性……………165
　　　(2) 今後の課題……………166

第11章　日本における公共経営と公会計改革の実践例（宇城市）——— 169

　1　背景……………169
　2　財務内容……………170
　3　具体的施策……………173
　　　①「施設白書」……………173
　　　②「施策別財務書類」……………174
　　　③「固定資産管理台帳」……………174
　　　④包括年次財務報告書（アニュアルリポート）……………175
　4　貸借対照表でみてみる……………176

第12章　海外における公共経営と公会計改革の実践例（米国・ポートランド市）——— 177

　1　米国におけるMfRへの動き……………177
　2　MfRの意義……………178
　3　ポートランド市におけるMfRモデル……………180
　　　(1) ポートランド市におけるMfRへの取組……………180
　　　(2) MfRモデルの基本要素……………182
　　　(3) ポートランド市におけるMfRモデル……………184
　　　column　ポートランドの市民参加を支えるネットワーク……………187

第13章 海外における公共経営と公会計改革の実践例（カナダ・オンタリオ州）── 193

1 オンタリオ州地方政府における業績測定プログラム……193
2 MPMPにおける目的と業績評価指標の明確化……194
3 MPMPにおける業績評価指標のカスタマイズ……195

第14章 海外における公共経営と公会計改革の実践例（韓国）── 199

1 韓国における公会計改革……199
2 韓国における公会計制度改革の推進……200
　(1) 公会計制度改革の背景……200
　(2) 公会計制度改革の指針……201
　(3) 公会計制度改革の推進……203
3 地方自治体における公会計改革の推進：富川市の事例……205
　(1) 地方自治体における公会計改革……205
　(2) 富川市における複式簿記会計の推進……206
　(3) 原価計算準則の導入推進……208
4 韓国における公会計改革からの示唆……210

執筆者紹介……212

第1章

イントロダクション
―― 今なぜ公共経営と公会計改革が重要か

1　政府/行政の課題とは：本書の基本的問い

　わが国の財政は、2012年で債務残高の対GDP比219.1％、2011年度末で国と地方の債務残高合計903兆円程度（実績見込）と、主要国中最悪の状況にある。このように厳しい財政状況の中で、国民のために、将来にわたって持続可能な政府であり続けられるのか。必要とされる公共サービスを提供できる持続可能な政府であるためには、一体何が必要とされるのか。これが、本書の基本的な問いである。

　現在の財政状況は、これまでの政府活動の帰結を示している。わが国の長年にわたる歳入と歳出がどのように推移しているかを見てみよう。**図表1-1**は、一般会計歳出と一般会計税収、特例公債、建設公債の発行額の推移を1975（昭和50）年から2011（平成23）年までグラフで示したものである。バブルが崩壊した1990年代初頭から税収が減少傾向を辿っているにもかかわらず、一般会計歳出は右肩上がりに増加し続け、歳出と歳入のギャップを特例公債で補てんしている状況が明確に示されている。この結果、公債残高はまさに雪だるま式に膨れ上がり（**図表1-2**）、わが国の財政は、2006年に再生団体となった夕張市の財政のほぼ1万倍に匹敵している。

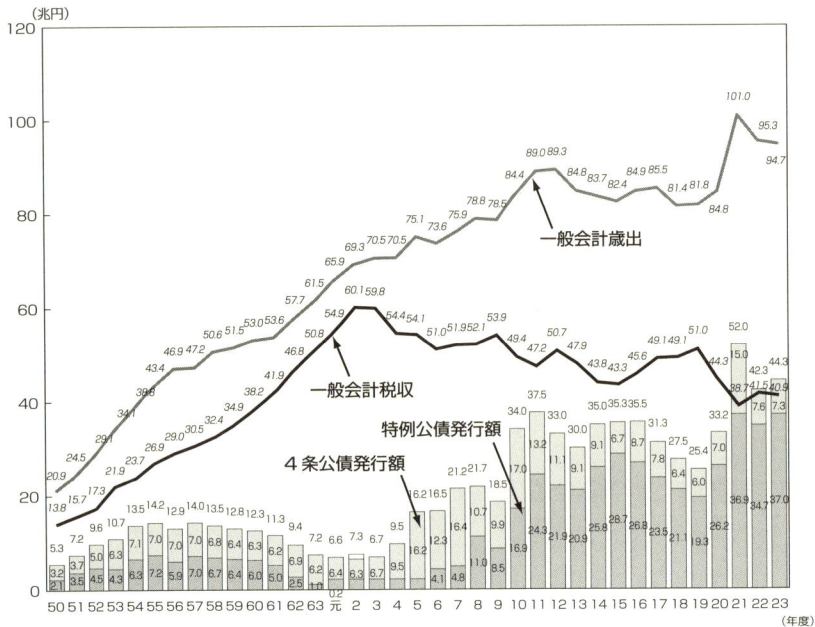

図表1-1　一般会計における歳出・歳入の状況
(出典) 財務省『日本の財政関係資料』2011年9月、p.14.

　歳入、歳出、特例公債、4条公債（*column*参照）発行額の推移をもう一度見てみよう。一般会計税収は1991（平成3）年あたりまで増加し、それとほぼ並行する形で一般会計の歳出が伸びを示している。その後税収は低迷を続けているのに対して、歳出は右肩上がりに増加を続け、1992（平成4）年の70兆円から2009（平成21）年には100兆円を突破し、実に税収の2倍を超えている。債務を見てみると、建設公債（4条公債）については、1993（平成5）年から2000（平成12）年にかけて17兆円を最高として毎年10兆円超を発行し、公共事業が行われた。にもかかわらず、バブル崩壊による経済的打撃は容易には回復せず、特例公債の発行による歳入不足の補填が行われ、その結果として、建設公債と特例公債の残高は2011（平成23）年度末で実に667兆円、一般会計税収の約16年分相当に上っている。「将来世代への先送り」がまさに驚異的な数字となっているのがわが国の

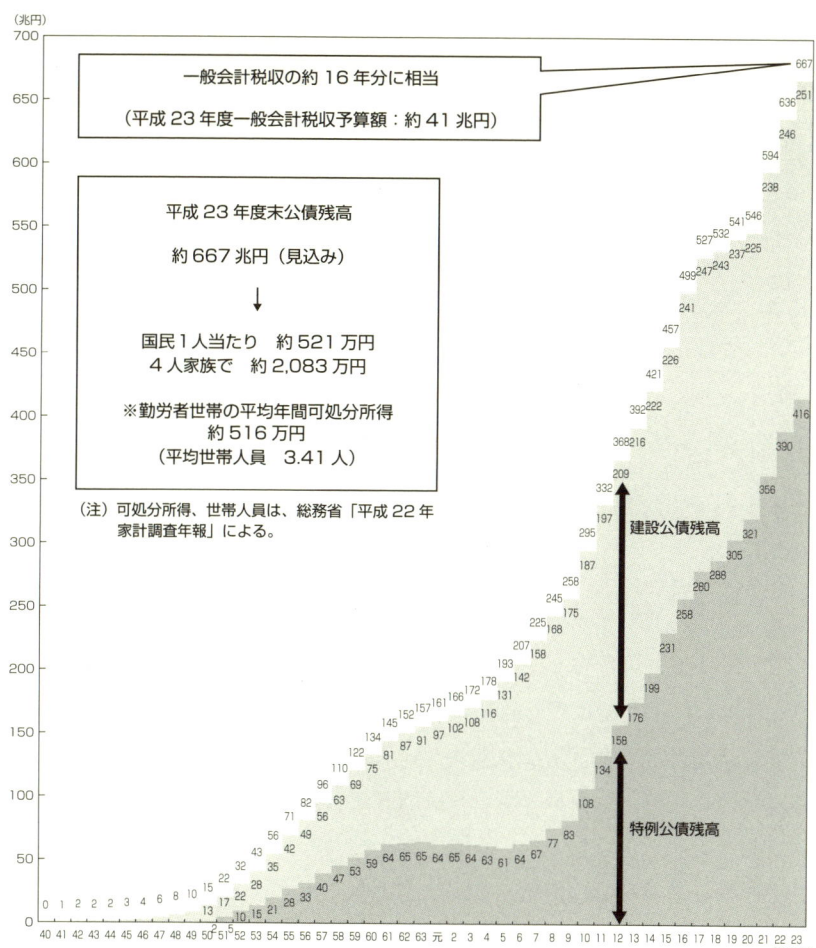

図表1-2 公債残高の累増
(出典) 財務省『日本の財政関係資料』2011年9月、p.15.

厳しい現実である。

　このように厳しい財政状況を抱えながら、わが国は、急速に進む少子高齢化に加えて東日本大震災の復興、のみならず原子力問題をも含む複雑かつ困難な、将来世代まで重大な影響を及ぼす政策的課題に直面している。政策の実施には財源が必要である。財源が逼迫する中で、政策の策定と実

施を支える財政運営を持続可能なかたちで、どのように行なうことができるのか。活力ある未来を創出するためには、何が求められるのか。

この困難で重要な問いに答える新しいアプローチが、公共経営である。徴税権を前提とした伝統的な漕ぎ手としての行政/政府ではなく、市民社会における最適な公共サービスの提供方法についてあらゆる参加者と熟議し、その継続的な改善と革新を追求する政府。いわば、市民社会の変容の中で、政府が統治主体としてのガバメントであり続けるのではなく、ガバナンスすることが求められている。これこそが、公共経営の大きなテーマである。

2　行政管理から公共経営へ

従来型の行政管理ではなく、なぜ公共経営なのか。世界的な行政改革の潮流の中で、行政管理のあり方のみならず、行政/政府の役割自体が変化していかなければならないのではないかという問いが提起されてきた。それと同時に、公会計改革を含めてさまざまな行政改革の取り組みと課題が、活発に議論されるようになってきた。その背景には言うまでもなく、逼迫する財政と複雑化し多様化する社会的課題、とりわけ大きな財政的負担を伴う福祉の課題が存在する。さまざまな社会的課題の顕在化の中で、市民社会を取り巻く環境の変化、市民社会の在り方と現実に鑑みたとき、政府がこれまで果たしてきた役割と方法の限界が顕著となってきたのである。世界的な行財政改革の動きの中で、改革のレイトカマーと称される日本もまた、現在少子高齢化の下、きわめて厳しい社会的政策的課題に直面している。とりわけ社会保障給付費と社会保険料収入の乖離は年々拡大の一途であり、その差額は2011（平成23）年度で国税負担分29.3兆円、地方税等負担分10.1兆円によって賄っているのが現状である。この社会保障費の負担は軽減の余地はなく、それどころか高齢化の進展とともに確実に今後一層重くなる。政府は、税と社会保障の一体改革を推進する途上にあるが、

長期的な財政健全化の達成と必要とされる公共サービスを提供する具体的なロードマップを国民に明確に示すことが急務である。ここに従来の行政管理ではなく、公共経営が求められる大きな理由がある。公共経営は、限られた財源の制約の中で、必要とされるサービスをいかに効率的かつ効果的に提供するかという問題に、市民社会に存在するさまざまなプレーヤーを巻き込んで、解決していこうとするアプローチだからである。

3　公共経営とは：本書の目的と構成

　政府の役割は、求められる公共サービス、公共が合意した社会的価値を実現するために適切な政策を策定し、その成果を測定、把握して、さらに価値実現のために計画・予算にフィードバックすることでなければならない。言い換えれば、従来型の現金ベースによる予算編成と執行ではなく、**Plan-Do-Check-Action（PDCA）**を政策過程に組み込み、継続的な改善を指向する。これが、政府が市民に果たすべきアカウンタビリティ（*column*参照）であり、スチュワードシップ（受託者責任）である。そして、ここに公共のマネジメントの考え方の特質がある。

　では、公共経営とはいかなる考え方で、どのようなアプローチがあるのか。企業では普通に実践され、その中でも市場競争の過程を経て一層進化してきた「経営」が、オープンシステムである公共、市民社会ではどのように意義付けられ、どのようなアプローチが存在するのか。それらについて、理論の進展、実践の進化を通じて、学び、考えるのが本書である。企業経営にとっては、財務数値によりその財政状態と運営状況を写像として写し出す会計学がまさに羅針盤としての重要な役割を果たす。これに対して、税収を財源とする公共では、会計学はどのような役割を果たすのか。利益というパフォーマンスを最大化するために、さまざまな経営技法を駆使するのみならず、「乾いた雑巾を絞る」という言葉に象徴されるとおり継続的な改善に向けて日夜創意工夫を重ねる企業経営。この企業経営と行

政/政府の経営は何が異なるのか。類似したところはないのか。企業の経営手法を公共は取り入れることができるのか。行政/政府、民間セクター、市民セクターから構成される公共、いわば市民社会の**ガバナンス（パブリック・ガバナンス）**は、**コーポレート・ガバナンス**とどのように異なるのか。その特質は何か。これらが、本書の大きな問いである。企業と異なる公共の特殊性を基礎としながら、これらの大きな問いについて第2部において理論的に検討し、さらに日本の公共経営はどのような経緯を辿って、どのような変容を遂げてきたのか、またこれからどのように変容しなければならないのかを考察する。第3部ではわが国の国及び地方自治体における行政改革、公共経営と公会計改革の進展を把握し、そこにどのような課題があるかを検討する。そして、第4部では日本の自治体の取り組み、海外の取り組みについて事例を紹介し、公共経営の課題と方向性を検討する。

column 4条公債、特例公債とは

財政法第4条第1項は、「国の歳出は、公債または借入金以外の歳入を以って、その財源としなければならない」と規定し、その但書において例外として「公共事業費、出資金及び貸付金の財源については、国会の議決を経た範囲内で、公債を発行し又は借入金をなすことができる」としている。つまり、財政健全化の見地から、国債の発行、借入金については厳しい制限が設定されているわけで、この財政法第4条に基づく公債発行を4条公債という。これに対して、特例公債は財政法第4条の特例法、いわゆる特例公債法に基づき発行される。第1次石油危機を契機として1975年に成立した財政法第4条の特例法である特例公債法が端緒であり、同法は「あくまで臨時異例の事態に対処するための財政

法上の特例として行なわれるもの」であり、きわめて慎重な対応が求められた。しかし現実には、その後特例公債の発行は1990年3月まで継続され、4年間の脱却期間はあるものの、1994年以降現在に至るまでその残高は拡大を続けている。東日本大震災を受けて、特例公債法案と補正予算の財源確保にかかる法的手当てについては、2011（平成23）年度に入ってからも修正が行なわれ、「平成23年度における公債の発行の特例に関する法律」と「東日本大震災に対処するための財源確保法案」に切り離して、国会審議が行なわれた。

column｜アカウンタビリティ

　アカウンタビリティとは「政策を立案し遂行する責務を負う人々が、自らの活動について選挙民に説明を行わなければならないという義務」と定義される。すなわち、アカウンタビリティは、政府が受託された財産の管理、運用について選挙民に説明する義務を負うという「会計責任」としての限定的な意味ではなく、より広義の説明責任である。アカウンタビリティはさらに政治的アカウンタビリティ、管理上のアカウンタビリティ、法的アカウンタビリティに分類することができるが、もっとも分かりやすい考え方は、米国連邦政府の共同財務管理プログラム運営委員会（Joint Financial Management Improvement Program Steering Committee）による「アカウンタブル」についての次のような記述であろう。「アカウンタブルとは、単にどのように財源を消費したかについて答えられることにとどまらず、プログラムの実施を達成された成果によって適切に説明できることである。」（JFMIP, *Cost Accounting Implementation Guide*, 1998, p.1）

第1部
公共経営と公会計の基本的考え方

第2章

公共経営の基本的考え方

1 オープンシステムとしての政府と公共経営の特質

政府は、その環境を構成する要素と常に政治的、経済的、社会的取引を行うオープンシステムである。**図表2-1**はオープンシステムとしての政府のメカニズムを示したものである。矢印は、資源フローの方向である。ここにおける資源には、財務資源を特定したり、政策を設定したりするすべての価値が含まれ、経済・財務資源のほか、投票を行ったり、公務員を任命したりする政治的資源も内容とされる。受益者はサービスの受け手であり、またサービス対価の支払者でもあるが、納税は市場における交換取引ではなく、支払う税金と受けるサービスには対価性がない。これが、企業経営と全く異なる特質である。企業は財またはサービスを提供することによって収益を得、利益というパフォーマンスを獲得する。利益は収益から費用を控除した結果であるから、このパフォーマンスを高めるためにはいかに収益を増大させるか、またそれに対応する費用(コスト)をいかに削減するかについて戦略的に分析し、意思決定を行うことが不可欠である。そのため、たとえば「選択と集中」という事業戦略がとられ、市場から撤退する事業分野と戦略的に資源を投入する事業分野を選別して、パフォー

マンスを高めるために事業活動を最適化する。最も大きな相違点、しかも公共経営をより難しくしている特質がここにある。すなわち、企業経営におけるパフォーマンスは定量的で極めて容易に可視化でき、しかも事業活動とパフォーマンスには直接的な因果関係がある。これに対し、公共経営の目的は定量化が難しく、政策施策の実施とそれによる効果の発現には一

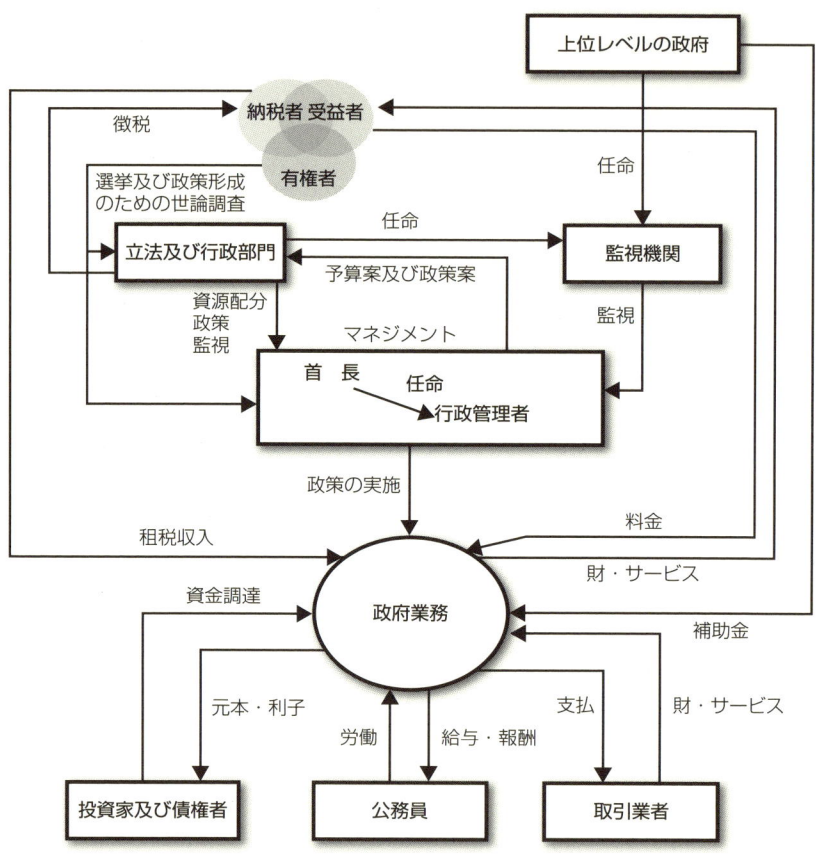

図表2-1　オープンシステムとしての政府
(出典) Apostolou, Nicholas G. and D. Larry Crumbley, *Handbook of Governmental Accounting & Finance,* Second Edition, John Willy & Sons, Inc., 1992.,p.1.12.に基づき作成

定の時間が必要である。のみならず、公益と多様な私益を統合する必要があり、複合的でかつ市民社会を構成するステイクホルダー間により大きなコンフリクトが存在する。

　環境要因、組織が直面している環境について、民間と異なる公共経営の特質をまとめたのが**図表2-2**である。政府が産出するアウトプットについては原則、交換取引を行う経済市場が存在しない。しかも、政治的、法的制約要因の影響力が大きい。政府活動の強制力や独占性、影響力、パブリック・アカウンタビリティの履行をはじめとして、民間セクターとは異なる制約要因が存在するのである。

顕著な環境要因	1. アウトプットを取引する経済市場が存在しない。 2. 政治的に委任された権限が外部コントロールを行う。 3. より強い外部の政治的影響がある。
組織環境	1. 公的な組織とマネジャーが、公共財の生産、重要な外部効果の対処や民間組織が現実には行わないその他の活動に参加することが多い。 2. 政府の活動が強制的、独占的または必然であることが多い。 3. 政府活動がより広範な影響とより大きな象徴的重要性をもつ場合が多い。 4. 公共のマネジャーは民間のマネジャーより、ニュースメディアなどの監視団体によるより広範で強力な公的監視の下に業務を行うことが多い。 5. 公共のマネジャーは民間のマネジャーより、公正性、応答性、誠実性、公開性、パブリック・アカウンタビリティに対するより強い期待に直面している。

図表2-2　公共経営の特質
（出典）Hal G. Rainey and Young Han Chun, "Public and Private Management Compared," Evan Ferlie, Laurence E. Lynn Jr. and Christopher Politt, ed., *The Oxford Handbook of Public Management*, Oxford University Press, 2005, pp.92-93.に基づき作成

2　公共経営改革モデル

　各国は特に1980年以降、公共経営改革にさまざまなかたちで取り組んできた。公共経営改革にはどのような影響要因が相互作用を及ぼしているのか。PollittとBouckaertは、それぞれ異なる環境下にはあるが、各国の

公共経営改革に影響を及ぼす要因相互の関係を**図表2-3**のように示し、モデル化している。

　グローバル化した経済の力と高齢化をはじめとする社会人口統計上の環境変化により、それに対応する社会経済政策が必要とされる。それらがAに示される社会経済的な影響力であり、これらは極めて根深く、長期にわたって影響を及ぼす構造的要素である。Eの政治システムは、政党の政治的理念を中核としているが、公共経営に関する新しいマネジメントの考え方や、特に市民による圧力が強力なドライバーとなって、政治的影響力、リーダーシップを行使する。社会的変化、特に高齢化等による人口統計上の変化は、世論形成を促し、政治プロセスに対する強力な市民の圧力となる。これらAとE、さらに災害などの事象による契機という影響要因によって、社会的中枢であるリーダーが、何が望ましいか、実行可能かについて意思決定を行う。その意思決定と行政システムとの相互作用を通じて、行政システム内において具体的な改革内容が確定し、実施されて、成果の達成が測定・評価される。その結果が行政システム内では実施プロセスにフィードバックされるとともに、改革パッケージによる政策効果の成否に関してトップの意思決定に反映される。重要なことは、社会経済的影響力と政治システム、災害や不正などの事象による変革の契機が中枢の意思決定に大きな影響要因として働くというA+E+I=Jの関係が、行政システムの機能（K）と中枢の意思決定（J）との相互作用の上部構造に大きな影響を与える下部構造として機能しているという点である。

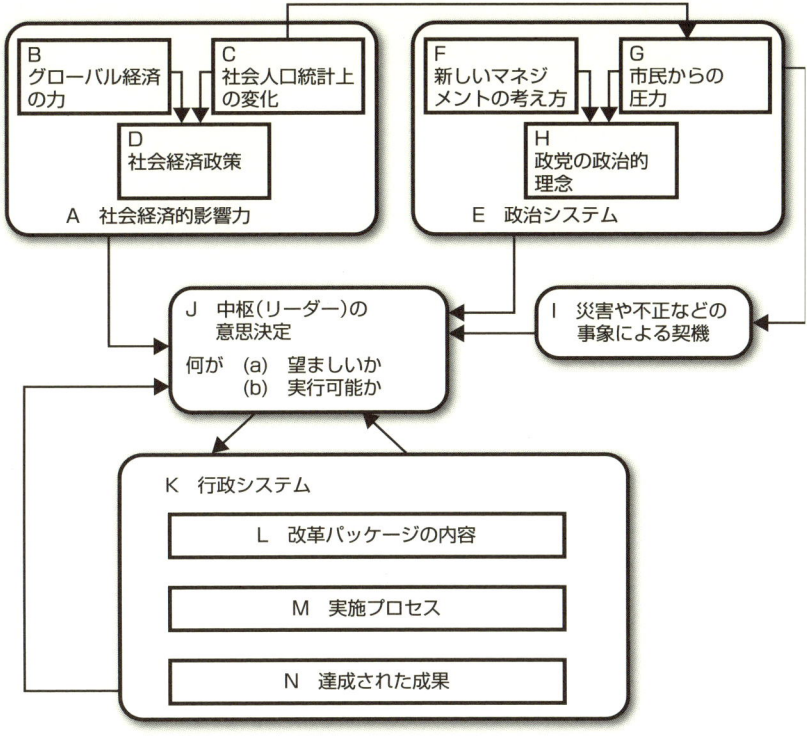

図表2-3 公共経営改革モデル
(出典) Christopher Pollitt and Geert Bouckaert, *Public Management Reform – A Comparative Analysis -*, Second Ed., Oxford University Press, 2004, p.25に基づき作成

3 公共経営改革の4パターン

　この公共経営改革モデルの各影響要因の相互作用を前提として、PollittとBouckaertは、市民社会を構成する3つの重要な要素、すなわち政治システム、行政及び法律システム、市場経済の3つを用いて、戦略的意思決定としての公共経営改革の基本パターンを次の4つに分類している。
1　維持戦略

2　現代化戦略（マネジメント及び参加型の新ウェーバー主義国家）
3　市場化戦略（ニュー・パブリック・マネジメント）
4　最小化戦略

　これらは、市民社会を機能させる重要な3つの要素の関係から公共経営改革の展開を考察するもので、非常に重要な基本的考え方を示している。

　維持戦略、すなわち伝統的なコントロールの強化は、歳出の抑制、新規雇用の凍結、無駄と不正の防止を行い、行政／法律システムを搾り込む。**図表2-4-(i)**に示されるように、政治システムと市場経済、行政システムと市場経済の間には相互作用があるが、その相互作用の下に政治システムは行政システムに歳出削減に向けて強力な圧力をかける。

　行政システムの現代化戦略では、市場経済から行政システムへの影響力が高まり、行政の機能と役割に新たな手法が導入される。この変化により、政治システムにもそれに対応する調整が必要となり、政治システムから行政への影響力のみならず、行政から政治システムへの影響力が顕在化する。この場合、行政／政府は弱体化するのではなく、むしろ強化され、その意味でPollittとBouckaertはこれを新ウェーバー主義国家（Neo-Weberian State: NWS）（*column*参照）と名付けている。NWSでは次の2つが強調される。一つは、専門的で、パフォーマンスを達成するマネジメントの必要性である。これは、公務員が官僚制の規制から自由になると、イニシアチブをもち、その業務を改善するという仮定に基づいている。もう一つは、現代化の最も優れたルートが、市民とサービスの利用者をさまざまな参加のプロセスに引き込むことであることの強調である。

　行政システムの市場化戦略は、行政システムに市場タイプのメカニズムを制度化する戦略である。効率性と利用者に対する応答性を増大させるために、公共セクターの組織が互いに競争することになり、市場セクターの文化、価値観、実務が行政システムに浸透する。ニュー・パブリック・マネジメント（New Public Management: NPM）への動きの最も顕著な影響要素である。市場経済から影響を受けた行政システム自体が市場化し、

政治システムと市場経済との間の相互作用が強力に機能すると同時に、政治システムと行政システムに相互作用が生まれる。

行政システムの最小化では、多くのタスクを民営化や委託によって、できる限り市場セクターに移行する。この場合には、官僚構造は仲介せず、政治システムと市場経済との間の直接契約の強化など、多くの取引による

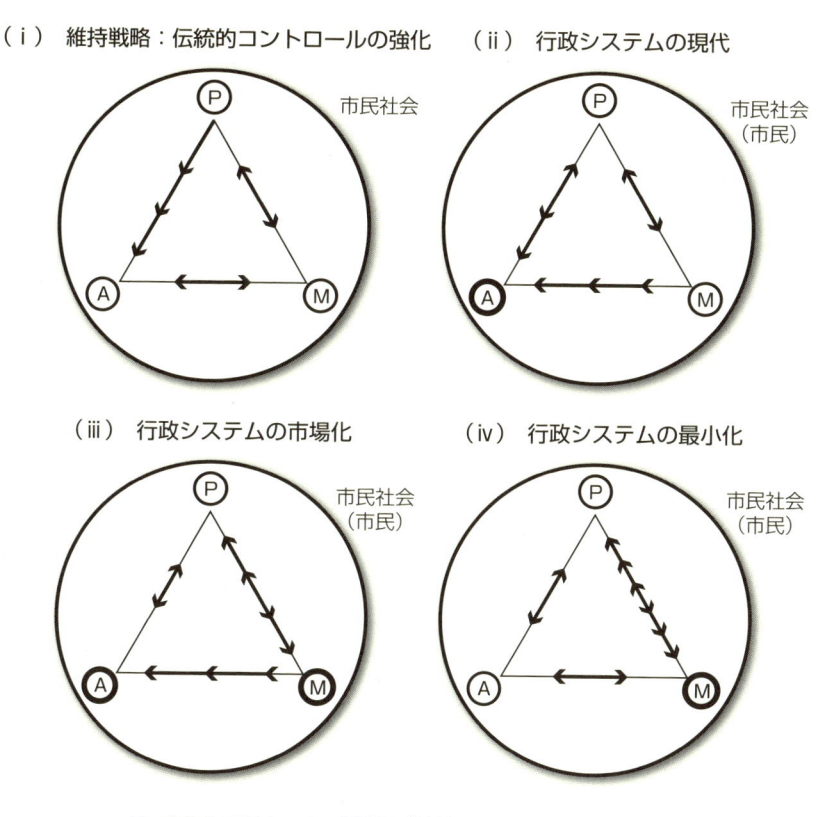

(ⅰ) 維持戦略:伝統的コントロールの強化　(ⅱ) 行政システムの現代

(ⅲ) 行政システムの市場化　(ⅳ) 行政システムの最小化

P:政治システム、A:行政及び法律システム、M:市場経済

図表2-4　公共経営改革の4パターン
(出典) Christopher Pollitt and Geert Bouckaert, *Public Management Reform – A Comparative Analysis -*, Second Ed., Oxford University Press, 2004, pp.186-189に基づき作成

契約構造が存在する。社会保障、刑務所、安全サービスなどが民間企業によって担われ、行政システムは一種の小規模な持ち株会社のように機能する。市場経済が軸となって市場経済と政治システムに強力な相互作用を生むこととなり、政治システムと最小化した行政システム、市場経済と最小化した行政システムに相互作用が存在する。

4　新しい公共経営の考え方
　　　──ニュー・パブリック・マネジメント（NPM）

　このPollittとBouckaertの公共経営改革の4パターンは1980年代以降各国が取り組んできた公共経営改革の分析に基づくものであり、ニュー・パブリック・マネジメント（NPM）への展開を理論的に説明するものでもある。NPMへの動きは、次の2大原則によって説明される。すなわち、一つは公共セクターと民間セクターの相違を少なくするか取り除く考え方であり、もう一つはプロセスのアカウンタビリティから成果によるアカウンタビリティのより重要な要素への移行である。Hoodは、このアカウンタビリティの新たな概念化により、市場と民間のビジネス手法に高い信頼がおかれたのに対し、行政活動のコストが会計手法によって評価される必要が高まったため、より会計が重要な機能を果たすことになったことを指摘している。Hoodは、このように公共経営の変容という意味におけるNPMの特質を次の7点にまとめている。

1　それぞれの公共セクターの「財」のために別々に管理される「法人化した」単位へという、より大きな公共組織の分割への移行
2　公共セクターの組織間および公共セクターと民間セクター間の両者のより大きな競争への移行
3　公共セクター内部における民間企業セクターから広範に引き出されたマネジメントの実務のより大きな活用への移行
4　資源利用における規律と節減ならびに制度的な継続性の強調によるの

ではなく、代替的な、よりコストのかからない公共サービスの提供方法の積極的な探求の強調への動き
5 より直接関与するマネジメントへの動き
6 公共セクター組織のパフォーマンスのより明示的で測定可能な基準への動き
7 アウトプット尺度を前もって設定することによる、より「恒常的な」方式で公共組織をコントロールしようとする試み

5 従来の行政管理、新しい公共経営、さらに新しい公共サービスへ

　新しい公共経営（NPM）は、顧客志向で、市場原理を導入し、効用を高めることを追求する。すなわち、NPMでは、民間部門のマネジメントに学び、実践的な「経営管理」の発展、政策の実施と政策立案者が組織的に距離をおく「対等な」組織への発展、公共サービスを提供する組織内部の起業家精神のリーダーシップが重視され、インプット及びアウトプットのコントロールならびに評価やパフォーマンスのマネジメントと監査が強調される。これに対して、NPMからさらにニュー・パブリック・サービス（New Public Service: NPS）への動きが公共経営にはある。市場原理による個人の便益を重視したサービス提供ではなく、協働による公共サービスの提供、市民社会の中で最適な公共サービスの担い手を創出する民主的なプロセスの重視である。NPSではより民主主義が強調され、多元的な価値観の中で、ダイアログにより合意を形成し、ニーズに基づいて相互に合意された目標を達成するために、公共、非営利、民間機関の一体化の構築が目指される。いわば、英国のブレア政権における第三の道の方向性と同じであり、わが国の民主党政権の「新しい公共」、共助の主張と共通している。

　NPMが市場を重視し、経済的合理性を強調したために引き起こされた

	OPA	NPM	NPS
主要な理論的および認識論上の基礎	政治学理論、単純な社会科学によって増強された社会的および政治的コメンタリー	経済学理論、実証主義社会科学に基づくより精緻なダイアログ	民主主義理論、実証的、解釈的、批判的およびポストモダンを含む知識に対する多様なアプローチ
人間行動の一般的な合理性とそれに関連するモデル	総括的合理性、「管理人」	技術的および経済的合理性、「経済人」または利己的意思決定者	戦略的合理性、合理性の多面的検証（政治的、経済的、組織的）
公益の概念	政治的に定義され法律に規定される	個々人の利益の集合として表される	共有された価値観に関するダイアログの結果
公務員が対応する対象（人）	顧客（クライアント）と有権者	顧客（カスタマー）	市民
政府の役割	漕ぐ（単一の政治的に定義された目標に焦点を当てた政策の設計と実施）	操舵（開放された市場に対し触媒として行動する）	奉仕（市民間、コミュニティ・グループ間の利害を交渉し、仲介して、共有された価値観を創出する）
政策目標達成のメカニズム	現行の政府機関によってプログラムを管理する	民間および非営利セクターによって政策目標を達成するメカニズムとインセンティブ構造を創出する	ニーズに基づく相互に合意された目標を達成するために、公共、非営利、民間セクターの一体化を構築
アカウンタビリティに対するアプローチ	階層的；行政官が民主的に選挙された政治リーダーに責任をもつ	市場志向；自己利益の蓄積により、広範な市民（または顧客）グループが望むアウトカムが結果として生み出される。	多面的；公務員は法律、共同体価値、政治規範、専門的基準および市民の利害を注視しなければならない。
行政上の裁量	行政官の裁量権は制限的	起業家的目的を充たす広い自由裁量	裁量は必要だが、制約的で、アカウンタブル（説明責任）
想定される組織構造	機関内部のトップダウンの権限とクライアントのコントロールまたは規制	機関内部に残存する主要なコントロールを持つ分権化された公的組織	内部および外部に共有されたリーダーシップをもつ共同構造
公務員および行政官の想定される動機付けの基礎	給与および手当て、公務員の身分保障	起業家的精神、政府の規模を縮小するイデオロギー的願望	公務、社会に対する貢献の要望

図表2-5 OPA、NPM、NPSの観点の比較

（出典）Robert B. Denhart and Janet Vinzant Denhart, "The New Public Service: Serving Rather than Steering," *Public Administration Review*, November/December 2000, Vo. 60, No. 6, p.554.

課題を、発展的に解消しようとするのがNPSであり、それをガバナンス（統治）という広い概念で捉えるのがニュー・パブリック・ガバナンス（New Public Governance : NPG）である。NPGでは、多元的な価値、意義及び関係性のネゴシエーション、ネットワーク及び関係性の契約を通じた資源配分が強調される。

---

column | NWS（ネオウェーバー主義国家）とは

「ウェーバー主義」の要素と「ネオ（新）」の要素をまとめると次のようになる。

「ウェーバー主義」の要素	「ネオ」の要素
・グローバリゼーション、技術変革、人口統計的変化、環境による脅威などの新たな問題に対する解決の主要な促進者として国家の役割を再確認 ・国家組織内部の正当性の要素として代表民主制の役割を再確認 ・法の下の平等、法的監視。国家行動の特定の法的監視の利用可能性を含む、市民と国家の関係に関する基本原則を維持するに当たって、行政法の役割を再確認 ・顕著な地位、文化、条件のある公共サービスの考え方の維持	・官僚制規則による内向きの方向性から市民のニーズと要望を充たすための外向きの方向性へのシフト。これを達成する主要なルートは市場メカニズムの採用ではなく、質とサービスの専門的な文化の創出である。 ・市民の意見の諮問及び直接的な代表のための仕掛けによる代表民主制の役割の（取替ではなく）補助。 ・政府内の資源のマネジメントにおいて、単なる手続きの正当な追随ではなく、成果の達成へのより大きな方向付けを促進する関連法律の現代化。 ・公共サービスの専門化。官僚は活動領域に関連する法律の単なる専門家になるのではなく、市民・ユーザのニーズを充たすことに方向づけられた専門的なマネジャーとなる。

（出典）Christopher Pollitt and Geert Bouckaert, *Public Management Reform – A Comparative Analysis -*, Second Ed., Oxford University Press, 2004, pp.99-100に基づき作成

第3章

公共経営の変容と公会計改革

1　公共経営における公会計の役立ちとは

　国においても、地方においても、現金主義に基づく予算決算を中心とする行政運営がこれまで行われてきた。国にあっては、国会が予算を議決し、その執行実績である決算は会計検査院が検査を行い、内閣が検査報告とともに国会に提出する。内閣は、国会及び国民に対して定期に、少なくとも毎年1回、国の財政状況について報告を行う。地方にあっては、予算を議会が議決し、決算は監査委員の審査に付した上で、議会が認定し、長が決算をその認定に関する議会の議決及び監査委員の意見と併せて、都道府県においては総務大臣、市町村においては都道府県知事に報告し、かつその要領を住民に公表する。この議会の議決と認定、公表というプロセスが民主的手続きとして従来の行政運営においては重視されてきた。しかし、財源の逼迫に対して、少子高齢化という環境の変化が生む国民医療費、社会保障費の増大、それに伴う公共サービスの多様なニーズが、これまでの行政運営の方法のみならず、行政運営の基盤となる財政運営の方法に抜本的な変革を迫っていることは明らかな事実である。

　財政運営の抜本的な変革とは何か。単年度ベースの現金主義に基づく予

算・決算のサイクルでは把握できず、抜本的な変革を要する問題点は、財政制度等審議会が指摘する次の5点に集約されている。

①ストックとしての国の資産・負債に関する情報が不十分であり、国の保有する資産の状況や将来にわたる国民負担などの国の財政状況が分かりにくい。

②国と特殊法人等とを連結した財務情報が提供されておらず、公共部門の全体像が把握できない。

③フローの財務情報とストックに関する財務情報の連動がない。予算という現金収支と資産、負債状況との関係の把握が困難である。

④予算執行の状況が分かるのみで、当該年度に費用認識すべき行政コスト、事業ごとに間接費用を配賦したフルコストや将来の維持管理費用などを加味したライフサイクルコストが明らかにならない。

⑤事業ごとのコストや便益が把握できないため、予算の効率的な執行を図る助けにはならない。

　この指摘の根底には、これまでの行政運営が無視していた、行政経営の変革に不可欠な次の3つの要素がある。すなわち、第一は、行政の政策・施策・事業のほとんどは資産形成を行い、それらを維持管理し、活用しながら、行政サービスを持続的に提供していること、第二は、公共サービスの最適な担い手を識別するためには、事業の実施コストとそれが生み出す便益を測定することが不可欠であること、第三は、事業の実施コストのみならず、ライフサイクルコストは、長期的に公共サービスを安定的に提供するためのサービス設計に不可欠であること、である。短期的視野で、戦略的に業績の改善を目指すことが企業の持続可能性につながるのに対して、公共は、長期的視野で、将来世代が受ける公共サービスと負担を勘案しながら、現在のサービス設計をする必要がある、というのが重要な相違点といえる。

　では、これまでの行政運営における会計の役立ちとは何か。これからの公共経営における会計の役立ちはどのように拡張されうるのか。

2 これまでの行政運営における会計の役立ち
―― 予算改革と会計の機能

　予算・決算によって会計期間が完了するこれまでの行政運営においては、議決された予算が執行の尺度となる。このため予算がいかに適正かつ効率的に編成されたのかが重要な課題となる。しかし、わが国の予算改革はPDCAのうち「Do（政策目標実現に向けた効果的・効率的な執行）」、「Check（評価・検証）」、「Action（予算への反映）」の強化が重視されている点に特徴がある。たとえば、2007年財務省主計局による『予算の効率化の徹底（20年度政府案）』においては、次の3点が挙げられている。

　①随意契約の見直しの徹底・強化
　②予算執行調査結果の反映
　③国会の議決・決算検査報告等の反映の徹底・強化

　特に、予算執行調査結果の反映では、「事務事業・制度の必要性等の検証を行い、7事業は事業の全部またはその一部を廃止するなど、調査結果を予算に反映」とされているが、現実には、定められた予算の執行率のみがベンチマークとならざるを得ず、当初予算額が適正であったかについては検討がなされないのが現実である。

　このスキームは主計局によって、**図表3-1**のように示されている。この中に会計はどのように組み込まれているであろうか。コストの縮減や無駄の排除は、予算執行調査や随意契約の見直しの反映、決算検査報告等に含まれているが、会計を軸とするスキームとなっていないことは明らかである。これに対して**図表3-2**は財務省主計局公会計室が省庁別の財務書類を作成する過程で作成したスキームであるが、この中には会計の機能が軸として存在している。すなわち、政策・施策・個別事業の体系の下で、発生主義による費用認識を行った上で、個別施策のフルコストを把握し、それを財務書類等で開示するとともに、コスト・ベネフィットを把握して、予算編成の効率化・適正化を図ることが意図されている。このスキームの前

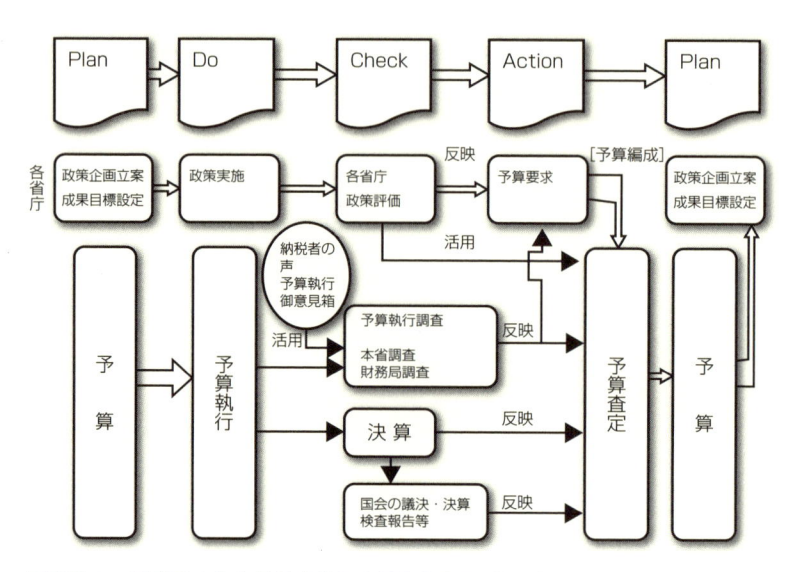

第1部　公共経営と公会計の基本的考え方

図表3-1　予算のさらなる効率化に向けたPDCAサイクル
（出典）財務省主計局『予算の効率化の徹底（20年度政府案）』2007年12月

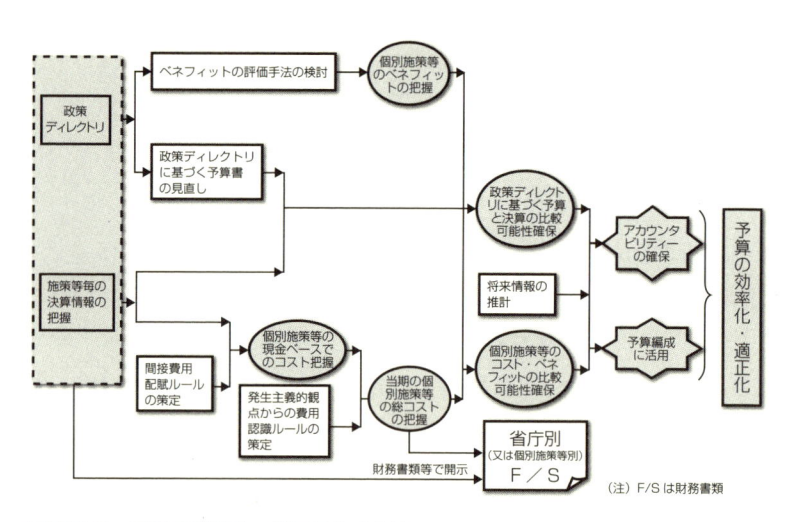

**図表3-2　予算の効率化・適正化に向けた
「個別事業・施策・政策についての財務情報に係る検討」**
（出典）財政制度等審議会財政制度分科会法制・公会計部会公企業会計小委員会公企業会計ワーキンググループ2003年10月2日資料

提である財務書類の位置付けとして、マクロの財務情報としては国全体の財務書類が、ミクロの財務情報としては各事業・施策ごとの財務情報が、そしてそのミクロの財務情報に関連する非財務情報を加えて各事業・施策の評価が行われ、予算執行の適正化・効率化に寄与することが意図されている。しかし、会計が果たすことを予定されているこの機能は、現実には働いていない。

3 地方自治体の行政経営における公会計の機能

地方自治体における発生主義による財務書類の作成の基礎となった『新地方公会計制度研究会報告書』は、新たな公会計制度整備の具体的目的として次の5点を挙げている。

①資産・債務管理
②費用管理
③財務情報の分かりやすい開示
④政策・予算編成・決算分析との関係付け
⑤地方議会における予算・決算審議での利用

これらの目的の基礎には、「地方分権の進展に伴い、これまで以上に自由でかつ責任ある地域経営が地方公共団体に求められている」こと、「そうした経営を進めていくためには、内部管理強化と外部への分かりやすい財務情報の開示が不可欠である」としている。しかし、財務書類の開示と利用の実態をみると**図表3-3**のとおり、会計がその機能を果たしているとはいえない事実が如実に示されている。

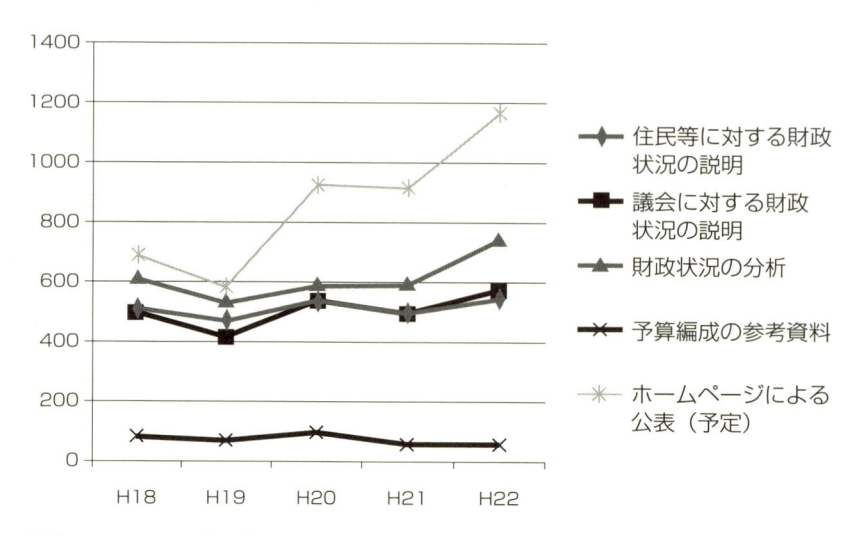

図表3-3　2006（平成18）年度から2010（平成22）年度に至る「作成済」団体の財務書類の活用状況の推移とホームページによる公表（予定）との対比

（出典）総務省「地方公共団体の財務書類の作成状況等」平成18年度調査から平成22年度調査（2012年6月22日）に基づき作成

4　公共経営の変容における会計学の機能

(1)　公共経営の変容とは何か

　行政／政府がすべての行政サービスを直接になっていた従来型の行政管理から、行政が舵取りをするニュー・パブリック・マネジメント（New Public Management: NPM）、行政が最適な公共サービスの担い手をコーディネートするニュー・パブリック・サービス（New Public Service: NPS）やニュー・パブリック・ガバナンス（New Public Governance: NPG）へと変容していく過程は、公共サービスの担い手が市民社会の中に多様に存在することが顕在化し、行政経営に市民社会の多様なアクターを取り込むことだけではなく、行政が市民社会の重要なコーディネータと

なって、必要とされる公共サービスの最適な提供を設計する責任を負託される過程である。

わが国政府においては2000年以降、NPMによる改革の下で、公会計改革、政策評価と予算編成の連携の取り組みに加え、民間資金等活用、官民競争入札の実施など公民連携（Public Private Partnership: PPP）を推進する改革が実施されてきた。この改革の方向性は、英国における公共サービスの外部化、強制競争入札（Compulsory Competitive Tendering: CCT）、戦略経営、資源会計予算（Resource Accounting and Budgeting: RAB）、さらにPPPからパブリック・ガバナンス（Public Governance: PG）に向けた実践から学ぶものと位置付けられる。これに対し、米国の連邦政府及び地方政府における結果を指向した政府マネジメント（Managing for Results: MfR）には、これらに加えて次のような興味深い特質がある。

①政府が結果を指向する戦略計画を採用し、その策定にステイクホルダーの巻き込みを要件としている
②政府が、結果及び達成に向けた進捗度を測定することができる指標及び評価データを開発している
③リーダーとマネジャーが、政策決定、マネジメント及び進捗度の評価に結果に関するデータを活用している
④政府が、その活動の結果をステイクホルダーに明確に伝達し、そのインプットを得る複数のチャネルと方法を用意している

これらに示されるのは、情報の共有による市民社会におけるステイクホルダーの巻き込みと参加を重要な成功要因とする政府のマネジメントシステムの改革という視点である。これまでの行政経営と異なる、市民社会というオープンシステムの中で機能する政府の役割を前提とするサービス提供と、必要とされるサービス提供の総体を最適に実現できるマネジメントシステムの変革、システム自体を変革する能力が政府に求められているということである。

5 公共経営の変容において会計はいかなる機能を果たし得るのか

　NPMからNPS/NPGへの途上にあるわが国において、現在も依然として課題とされるのは、ニーズに適合したサービス水準の識別と合意、そのサービス提供のフルコスト情報の欠如である。ここに、わが国における従来の予算改革の思考とは異なる、社会的ニーズに適合した計画の策定、適正かつ効率的な予算編成という重要な課題が識別される。まさに、この社会的ニーズに適合した計画の策定、適正かつ効率的な予算編成に、会計情報がいかなる機能を果たし得るかを明らかにすることが公共経営の重要なテーマであるということができる。行政サービス提供のための意思決定プロセスにおいて、サービスの提供先、提供するサービス水準、品質の有効性とコストの最適化の検討が行われることが、アカウンタビリティとマネジメント・コントロールの両者の観点から、公共においては必要不可欠であり、そのためのサービス設計こそ重要な検討課題だということである。言い換えれば、アウトカムを生み出すための目的適合的なアウトプットを明確化し、アウトプットを産出するために必要とされる最適な資源（インプット）とプロセスを識別することに焦点を当てることが必要だということである。民間における製品・サービス開発の実務で導入されている原価企画において、顧客ニーズとコストの両立を図るために、商品企画段階においてVE（Value Engineering）等を活用した原価の作り込みが行われているように、行政においてもサービス提供の企画段階において、ライフサイクルコスト（Life Cycle Cost）の評価、品質機能展開（Quality Function Deployment）、サービスVE、各部門へのコストの割付、関連するセクター・部門の横断的な活動が重要になるという点で行政サービス版原価企画（予算企画）というべき取り組みを検討することが重要な課題となる。

　この課題に取り組むための重要な論点を集約すると次のとおりである。

①社会的ニーズの把握
②社会的ニーズを充たすためのサービス水準の識別
③一定のサービス水準を達成するためのアウトプットの識別
④アウトプットを産出するために必要とされる資源と適切なプロセスの識別

　これにより生み出される社会的価値は当然、効率性と有効性の両者の最適なコンビネーションに基づくものでなければならず、その意味で米国連邦政府による経営管理目的の原価計算に示される次の定義が原則とされる必要がある。すなわち、価値（Value）はコストが提供する便益と便益を獲得するコストとの関係であり、有効性（市民が望むものを理解し提供する）と効率性（市民ニーズを充たすのに最小限の資源を用いる）の両者のコンビネーションによって改善される、ということである。ここに会計情報の機能が明確に示される。

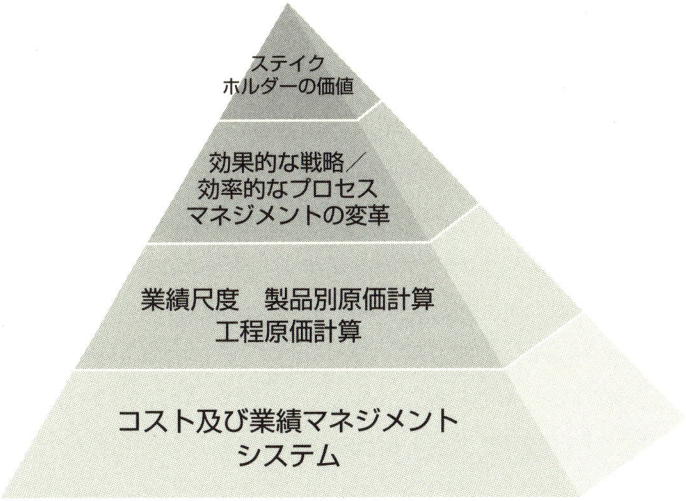

（ピラミッド図：上から）
- ステイクホルダーの価値
- 効果的な戦略／効率的なプロセス　マネジメントの変革
- 業績尺度　製品別原価計算　工程原価計算
- コスト及び業績マネジメントシステム

（出典）Doug Webster, *Best Practices in Federal Coast Management*, June 15,2010

図表3-4　バリューピラミッド

6　公共経営の変容における会計学の課題

公共経営の変容を基礎とした会計情報の機能の重要性に鑑みれば、次のような検討課題を挙げることができよう。

①政府セクターと民間セクター、さらにNPOをはじめとする市民セクターとの協働の促進がもたらす公共サービスの提供方法の変革における会計情報の役割と有用性

②政府財政の基本フレームとしての予算制度、特に市民社会における多様なサービスの担い手とサービス提供方法に関する意思決定を組み込む拡張した業績予算（Performance Budgeting）の概念とその目的適合的なメカニズムの開発

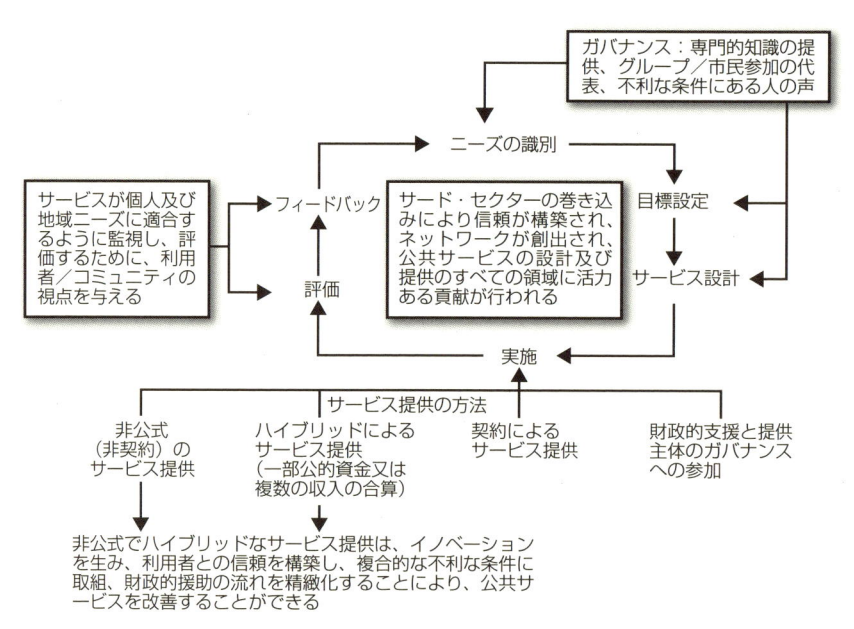

図表3-5　サード・セクターの政策形成過程への参画による最適な公共サービス提供メカニズム

（出典）HM Treasury, *Exploring the role of the third sector in public service delivery and reform: A discussion document*, 2005a, p.36に加筆

企業経営における意思決定と業績評価に会計情報が果たす役割に対し、公共経営において会計学が果たす機能は、わが国においていまだ未開拓と言わざるを得ないが、公共経営の変容に伴う公共サービスの提供方法の変革というコンテクストにおいてこそ、会計学の理論的発展と実践的貢献の可能性を探求する必要がある。

第4章

公会計改革の基本的考え方

　わが国において、少なくともこの四半世紀の間、公会計改革の在り方をめぐる議論と新たな会計の試行が行われてきたが、現時点（2012年）において未だ法制化されていない。わが国の議論は、1980年代のイギリスのNPM（New Public Management）等に学ぶものの、必ずしも新たな会計の法制化には結びつかなかった。ところが、韓国では日本より十年近く遅れて公会計の在り方が議論されたにもかかわらず、すでに法制化まで進んでいる。筆者は、イギリスと韓国に2度ずつ訪問していくつかの教訓を得てきた。それらを踏まえて、基本的な考え方を整理したい。

1　わが国地方政府の公会計改革略史

　これから公会計を学習しようとする者は、東京都会計管理局編（2010）を参考にされれば良い。私は公会計に広い領域を含めているが、本書では、政府会計と変わらぬ意味合いで使用されている。その例にならって話を進めることにする[1]。

　東京都会計管理局編（2010）による**図表4-1**は、わが国における地方政

---

[1] 詳細な議論は、浦東久男・柴健次・清水涼子（2012）pp.2-14を参照されたい。

諸団体による財務諸表の作成方法の研究

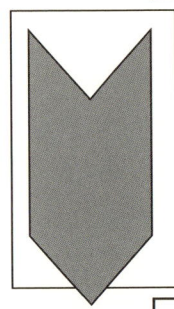

- 昭和62年　地方自治協会（現在の地方自治研究機構）
  「地方公共団体のストックの分析評価手法に関する調査研究報告書」
  →決算統計から収支計算書と貸借対照表を作成
- 平成9年　社会経済生産性本部（現在の日本生産性本部）
  「決算統計に基づいた企業会計的分析手法研究報告書」
  →地方自治協会方式を改良し、収支計算書、貸借対照表、正味財産増減計算書等を作成
- 平成10年　社会経済生産性本部
  「地方公共団体における連結・総合決算分析研究報告書」
  →連結の収支計算書と貸借対照表を作成

総務省方式

- 平成12年　総務省（旧自治省）
  「地方公共団体の総合的な財政分析に関する調査研究会報告書」
  →決算統計からバランスシート（貸借対照表）を作成
- 平成13年　総務省
  「地方公共団体の総合的な財政分析に関する調査研究会報告書」
  「行政コスト計算書」と「各地方公共団体全体のバランスシート」
  →決算統計から行政コスト計算書を作成
  普通会計だけでなく公営企業会計等も含めたバランスシートを作成
- 平成17年　総務省
  「地方公共団体の連結バランスシート（試案）について」
  →地方独立行政法人、第三セクター等を含めたバランスシートを作成

総務省の2つのモデル

- 平成18年　総務省
  「新地方公会計制度研究会報告書」
  →基準モデル又は総務省方式改訂モデルにより、貸借対照表、行政コスト計算書、資金収支計算書、純資産変動計算書を作成。連結財務諸表も作成。
- 平成19年　総務省
  「新地方公会計制度実務研究会報告書」

図表4-1　地方政府の公会計改革の歩み

府のいわゆる公会計改革の歩みを3段階に分けて示している。第1段階は1987（昭和62）年からで「諸団体による財務諸表の作成方法の研究」時代とされている。この時代は、いくつかの団体が決算統計から収支計算書

や貸借対照表を作成する手法を開発し提案を行った時代である。同時期には、東京都などが現金主義会計を前提とした財務諸表の作成を試みていた。このように、諸外国における政府会計改革の情報も入ってきており、わが国でもストック情報の欠如が問題であるという意識が高まってきていた。

このような動きの帰結として、比較可能性のない多様な情報が生み出されることが想定されることから、総務省が研究会を設置し、普通会計のバランスシート[2]の作成方法を開発・提案した。これが2001（平成12）年に始まる第2段階で「総務省方式」時代として示されている。この第2段階にあっても決算統計からバランスシートを作成する方法（複式簿記記録から誘導しないという意味での簿外法）であった。1987年の報告書から2006（平成18）年に始まる第3段階までの約20年間、簿記記録から財務諸表を誘導するという継続記録法は実現していない。その間に、日韓で改革の進展が逆転している。

これに対して、第3段階「総務省の2つのモデル」時代が2006年に始まる。総務省は、財務諸表を作成するための「基準モデル」と「総務省方式改訂モデル」を公表し、地方自治体に政府会計の整備を求めた。ここに基準モデルとは、「個々の取引情報について発生の都度又は期末に一括して複式記帳（仕訳入力を実施）を行うことにより作成する」方式である。他方、「総務省方式改訂モデル」とは「個々の複式記帳によらず、既存の決算統計情報の組替（仕訳入力は行わない）」により作成する。したがって、基準モデルは誘導法、改訂モデルは簿外法ということになる。また、いずれも貸借対照表のみならず、行政コスト計算書、資金収支計算書、純資産変動計算書（以上を財務4表と称したりする）を求めている。

ところが、総務省「基準モデル」では、有形固定資産が原則として公正価値で評価することが求められることから、2008（平成20）年度の財

---

[2] 貸借対照表と呼べばいいものを、この時期、バランスシートとカタカナ表記することが流行であった。

務書類の作成状況調べでは、作成しているのは都道府県42団体中の2団体（4.3%）、市町村1119団体中の80団体（4.6%）にとどまっている。圧倒的多数の団体が総務省「改訂モデル」を採用していることから、現時点においても、わが国は簿記記録に基づいて財務諸表を誘導・作成する段階に至っていない。かろうじて、「独自方式」を採用している東京都が、複式簿記から財務諸表を誘導する先進事例である。なお、東京都は資産評価において「基準モデル」とは異なり原価評価を原則としている。

2　わが国の地方政府の官庁会計が抱える課題

　東京都会計管理局編（2010）は、その第Ⅰ編第2章「自治体の会計の課題」で以下のように「単式簿記・現金主義会計による官庁会計」が抱える問題を指摘している。公会計改革以前の従来の会計は「官庁会計」と呼ばれていたのである。その「官庁会計」は「単式簿記・現金主義会計」だと理解されている。さらに官庁会計に対する新提案が「公会計」と呼ばれていて、「新官庁会計」とは呼ばれていない。さて、「自治体の会計の課題」であるが、以下の5つの欠如として示されている。

(1)　第1群：ストック情報とコスト情報の欠如

1-1　ストック情報の欠如

　「単式簿記・現金主義会計による官庁会計」が「単年度の現金収支を厳密に管理するため、予算の執行状況を管理する仕組みとしては優れている」とした上で、「自治体が保有している行政サービスの提供に必要な資産の残高や、将来にわたって返済しなければならない負債の残高を会計記

録から明らかにすることはできない」と指摘している[3]。

1-2　コスト情報の欠如

「現行の官庁会計では、現金の収入・支出の管理が主な目的であり、減価償却費などの資産の費消実態を各年度に費用として配分するという観念や、将来的に負担する金額の当期の負担分を費用として計上する引当という概念がなく、各年度のフルコストを会計記録から明らかにすることができない」とある[4]。

(2) 第2群：アカウンタビリティ（説明責任）とマネジメントの欠如

2-1　アカウンタビリティの欠如

「官庁会計においては、資産や負債に関する情報が網羅的かつ一覧性ある情報として提供されていない。…また、一定期間のフルコストを一覧性ある情報として把握することに限界があるため、当該年度の収益により当該年度のコストが賄われたかどうか、つまり将来世代への負担（余剰）の繰越状況を判断するための情報を把握することが難しい。」ことをもってアカウンタビリティの欠如としている[5]。

---

[3] 国の会計の解説書である大鹿行宏（2010）などによれば、会計には実質的会計と形式的会計の観念がある。実質的会計には現金会計、物品会計、不動産会計がある。これら実質的会計を規定する諸法令すべてが会計法規である。この会計法規には国の会計を統合し、記録するシステムの規定がない。その意味では、単式簿記の世界である。この単式簿記の世界では、物品も不動産も管理の対象である。会計法規にいう会計の範囲と「官庁会計」というときの範囲の異同を正確に議論する必要がある。しかし、東京都会計管理局編（2010）の指摘は「多数の常識」としておきたい。

[4] フルコストなる用語は、それが用いられるコンテキストからみて、全部原価や総原価とは異なるらしい。価格決定のフルコスト原則にいうフルコストとも異なる。その語源を特定できないが、一般に用いられている内容から推定すると、発生費用と呼ぶのが正しいように思える。

[5] アカウンタビリティの履行は会計以前の行為であり、会計はそのための手段に過ぎない。アカウンタビリティを履行する意思があれば、官庁会計に不足があれば当然に補われるはずである。

2-2 マネジメントの欠如

「現行の官庁会計では、正確なコスト情報に基づいた事業の検証・評価が困難である。…また、従来の官庁会計でも様々な指標を用いて分析を行っているが、保有する資産と負債といったストック情報をすべて把握し、総合的な財務情報を基に自治体の行財政運営を行っていくという視点からは十分とは言えない。」としてマネジメントの欠如が問題だとしている[6]。

(3) 第3群：検証可能性の欠如

複式簿記には自動的自己検証機能が備わっているのに対して、単式簿記にはそれがないという指摘がなされている。この指摘は、事実としては正しいが、検証可能性とは関係がない。すなわち、架空の取引を仕訳する不適切会計を想定すれば、複式簿記の原理を守る限りこの不正は自動的自己検証機能では発見できない。ということでこのような短絡的な発想は危険である。重要なことは、取引の原始記帳の正しさを証明する機能の存否である。その根拠としては、複式簿記を採用している民間企業において不適切な会計処理が一向になくならない理由を考えてみる必要がある。

3　イギリスと韓国からの教訓

東京都会計管理局編（2010）の指摘はわが国の議論を理解するのに有用である。これに加えて、私がイギリスと韓国から学んだ教訓をつけ加えたい。一言で表現すると、イギリスでは、顧客志向的な政府サービス改善運

---

[6] これも会計以前の問題を会計の欠陥としている誤りである。なるほどマネジメントに必要な情報を従来の官庁会計が提供していないとしても、政府・行政にそもそもマネジメントの思想が欠如しているのであれば、適切なるマネジメントは期待できない。同様に、ここで指摘された情報が提供されても、マネジメントの思想が欠如していれば、適切なるマネジメントは期待できない。

動が展開されている点に特徴がある。韓国では、新政府会計の無駄のない制度化に特徴がある。これらの教訓はわが国の議論ではあまり議論されない点である。

(1) イギリスからの教訓1「会計による管理の徹底」

　会計数値を管理の手段に用いることは営利企業にとってはごく普通である。しかし、政府組織にとって、これが普通ではなかった。イギリスにおいてもそうであった。

　今日のイギリスにおいて、大蔵省（HM Teasury（1988））は、中央政府の会計目的として、アカウンタビリティ（accountability）、適正性（propriety）及び適法性（regularity）、ならびに監査可能性（auditability）の3つを挙げている。ここでのアカウンタビリティとは「政策の策定・実施ならびに行政や資源の管理に責任を有する者が、一定の期間について、その政策や管理が正しかったか、また、いかに経済的、効率的、有効的であったかを示す義務」である。また「公共の資金に関して議会が認めた範囲と目的に正しく使用され、かつ議会が認めた方法で調達される」という適正性と、政府の「すべての収支が法規に従ってなされている」という適法性が求められる。そして、政府の会計報告を独立の第三者が監査できるためには「報告内容の正確性を担保する十分な証拠が必要である」という監査可能性が求められる。

　政府（公）会計の目的の一つであるアカウンタビリティには、行政の経済性、効率性、有効性が求められている。そのために重要とされるのが、「**説明可能な管理（accountable management）**」という概念（Humphrey, C., Miller, P and Scapens, R.W.（1993））や「**会計による管理（management by accounting）**」という概念（McSweeny, B.,（1994））であり、これらが最近のイギリス政府会計を特徴付けている。

　こうした新しい思考がイギリスに新しい政府会計をもたらした。イギリ

ス下院の研究報告（House of Commons（1999））によると、グラッドストーン改革以来の改革だと表現された資源会計（Resource Accounting）[7]の国の会計への導入計画を、保守党政権が93年11月予算で決定した。同じく95年に政府白書で資源会計に基づく資源予算（Resource Budgeting）の導入計画を決定した。これら資源予算と資源会計をあわせてRABと称している。労働党政権下において、98・99年度から各省会計に資源会計を導入したのを始めとし、予算計画、予算、決算へと段階的に導入が図られてきた。

　以上のイギリスでの改革の展開に比して、わが国は政府会計改革といえば「財務諸表の作成」ばかりが重視され、「会計による管理の徹底」が図られてこなかった。イギリスを模範としながら政府会計改革の目的を形骸化させてきたのである。

(2) イギリスからの教訓2「政府サービス改善運動」

　政府会計改革が管理会計を中心として展開されるとしても、会計はあくまで技術であり道具であるので、これを利用するものの意識が伴わない限り、政府会計改革の効果は限定的とならざるを得ない。この点について、イギリスでは、サッチャー政権誕生以来、一貫して、政府が推進する行財政改革と政府会計改革を連動させる姿勢が貫かれている。そのため、行財政改革も政府会計改革もともに「政府サービス改善運動」として展開されていると理解できる。ここに学ぶべき点がある。

　イギリスではサッチャー政権が誕生した1979年以来、NPMによる「政府組織の市場化」が進められている。政府組織の縮小（民営化や廃止など）のほか、サービスのインプットからアウトプットへ関心を移行させる

---

[7] 資源会計とは「中央政府の支出を報告するために発生主義会計を適用した形態であり、各省の目的に照らして支出を分析するための枠組みである」（HM Treasury（1998））。

改革が行われてきた。メジャー首相は、サッチャー路線を引継ぎ、行政改革の柱といわれるネクスト・ステップス計画による政府サービス提供部門のエージェンシー化（各省所属の自律組織化）により、各省はコア（主に政策決定部門）へと規模の縮小が図られている。

ついで政府組織の市場化が政府会計改革の産物である資源会計予算（RAB）と結びつき、政府サービスのコスト把握によって様々な意思決定がなされるようになる。RAB導入の効果を発生費用の認識に求めるならば政府サービスコストの正確な把握に基づく意思決定の改善という効果が期待できる。政府、議会にとっての利点をまとめると次のとおりである。

①議会にとっての利点
  ・目的に照らした資源の使途と納税者にとっての支出に見合った価値（Value for Money: VFM）に係る情報が改善される
  ・その結果、議会に対するアカウンタビリティを高めることになる
②中央政府にとっての利点
  ・公的資金の戦略的支出が可能になる資源配分の決定に関する情報が改善される
  ・信頼性の高い情報により消費と投資の区別という財政の枠組みを確実にできる
  ・政府の現代化という政権の課題に貢献できる
③各省にとっての利点
  ・資源管理を可能にするコストと資産に関する情報が豊かになる
  ・提供するサービスと関連付けた資源配分と資本投資が可能になる
  ・発生時点でコストを記録することにより活動のフルコストが測定できる
  ・サービスの提供により消費される多年度にわたり資産を割り当てられる
  ・債権債務、運転資本及び固定資産の管理が改善される。

要するに、発生費用の認識から得られる効果だけでなく、RABが資産・

負債管理を改善し、よってこれに基づく戦略的投資の実施やアカウンタビリティの改善といった広範な効果を期待している。このような期待が意味しているのは、従来の現金主義会計・予算でこれらが不十分であったことである。わが国においても発生主義会計の導入を契機に資産・負債管理の改善につなげ、さらには政府サービス改善運動にまで展開することができれば、イギリスの教訓を生かせることになる。

(3) イギリスからの教訓3「政府会計の政治性」

イギリスは旧来の行政管理と決別し、サッチャー保守党政権時に新公共経営（NPM）を導入し、行財政改革を強力に推し進めた。しかし、ブレア労働党政権の誕生に伴い、新公共経営から新公共サービス（NPS）へと移行した。政権による政策転換に伴い、政府会計に期待される役割も変わる。イギリスから学びうることは政府会計の政治性であった。

1979年に政権を奪取したサッチャー保守党が政府部門への競争原理すなわち市場原理の導入を図ったことから政府会計の管理的側面での徹底的利用が始まることはすでに述べた。なるほど、中央政府における資源会計・予算の導入の決定や地方政府における強制的競争入札（Compulsory Competitive Tendering, CCT）はコスト意識を高めることに貢献したかもしれない。しかし、97年に政権の座についたブレア労働党は、コスト面での効率性追求がサービス低下を招いたとして方針転換を図っている。資源会計・予算は財政政策と連動させることによって戦略的な投資を可能にし、地方政府ではCCTを廃止してベスト・バリュー制度を導入した。そこでは政府サービスの継続的改善が目標とされている。効率性追求の会計による小さな政府の実現を否定し、有効性追求の会計による政府サービスの改善活動が始まっている。

成熟したイギリスの例は、NPMの追求の経験からこれを一部否定してNPSへと転回をしている。わが国ではまだNPMさえ十分ではない。イギ

リスの経験から会計と政治の関係を学び取る必要がある。

(4) 韓国における地方政府改革からの教訓

我々は2010年と2011年に韓国を訪問して政府会計改革の進展を確認してきた。このうち2010年調査に関しては、清水涼子「韓国に学ぶ公会計・公監査の近代化」(浦東久雄・柴健次・清水涼子(2012)第2章)を参照されたい。

韓国では、金大中大統領の指示により、1997年に地方政府会計改革がスタートした。99年には、複式簿記・発生主義会計を、富川市(ブチョン＝シ)とソウル特別市江南区(カンナム＝グ)とで試行を開始し、富川市が2002年に、江南区が2003年に財務諸表を作成している。

驚くべきことに、2005年には、地方財政法が改正され新政府会計制度の法整備がなされる。また、2007年には会計法が改正され新政府会計制度の法整備がなされる。そして、2009年会計年度より新政府会計制度が導入される。我々は日本との比較においてこの法制化の早さに注目した。

実務的になるが、行政安全部(日本の総務省に相当)が地方政府の制度設計を一手に引き受けている。また遅滞なく法制化の手続きを進めているが、予算制度と会計制度は別物であるという位置付けをしている。

また調査時に、新政府会計制度対応のコンピュータシステムのデモンストレーションを受けた。こうしたシステムは民間企業との共同開発であり、政府が全自治体へ配布するなど工夫がなされている。

以上のように、韓国は地方政府会計改革を1997年からスタートさせている。わが国で先進事例の研究が進み、1987年に地方自治協会が決算統計から収支計算書と貸借対照表を作成するのを一つの事例とみれば、韓国は10年遅れでスタートしているにもかかわらず、国では会計法を、地方では地方財政法を改正して新政府会計制度の法整備を迅速に進めている。またOECD諸国の先進事例に学び、極めてプラグマティックに導入を図っ

ている。

4　公会計改革の基本的考え方

　以上、わが国における地方政府の公会計改革の略史を確認した後に、官庁会計における5つの問題点と、諸外国に学ぶ4つの教訓をみてきた。これらが今後の改革にとっての基本的考え方の基礎をなす。これらを要約しつつ、最後に、注意点を加味して整理しておく。

(1) 官庁会計にみる欠如から学ぶべきこと

　東京都会計管理局編（2010）が指摘した官庁会計の抱える問題点は以下の5つであった。
　①ストック情報の欠如
　②コスト情報の欠如
　③アカウンタビリティの欠如
　④マネジメントの欠如
　⑤検証可能性の欠如
　一般には、民間の会計方式に見習えば問題点の解決が図られると思われているが、形式だけを真似ても、その精神を汲み取らなければ役に立たない。日本における公会計の法制化が遅れている理由に、会計改革を制度化する精神が欠如していることが挙げられる。

(2) 公会計改革の先進国からの教訓から学ぶべきこと

　イギリスと韓国の事例から以下のような点を学び取ることができる。
　①　「会計による管理」を徹底すること
　コスト意識の欠如や責任の欠如を指摘するだけでは十分ではない。会計

数値による結果を管理する仕組みの構築が重要である。つまり、会計情報は人間行動を変えるという姿勢でのマネジメントが重要である。

②　会計改革は「政府サービスの改善運動」であること

継続的にサービスを改善するという精神が植え込まれ、それを促進するために会計改革が行われると、息の長い改善運動につながる。こういう姿勢に学ぶ必要がある。

③　会計改革は政権によって左右されること

日本ではまだ経験できていないが、旧来の行政管理からNPMへ、NPMからNPSへと関心が移るのは、政権党の政策と連動しているからである。NPMが良いのかNPSが良いのかは我々が議論すべきだが、政府が公共経営に会計を利用するという意志が重要である。

④　政府の強力なリーダーシップが重要である

韓国と日本では文化が違うといえばそれまでだが、時の大統領が会計改革を指示するという状況をうらやましく感じる。これまで日本の首相も知事・市長も会計改革にあまりに無関心であった。

最も重要なことは、**「会計を活かす」**ということである。会計は特殊な技術ではなくて、過去を確認し、将来を計画するのに不可欠な基礎的思考である。

参考文献

・稲沢克祐（2009）『自治体における公会計改革』同文舘出版。
・浦東久男・柴健次・清水涼子（2012）『行財政改革と公会計』関西大学法学研究所。
・大鹿行宏編（2010）『平成23年改訂版　会計法精解』大蔵財務協会。
・大住荘四郎（2002）『パブリック・マネジメント　戦略行政への理論と実践』日本評論社。
・小川幸作・小川光吉訳（2005）『E・L・ノーマートン著　政府のアカウンタビリティと会計検査』全国会計職員協会。

- 亀井孝文（2008）『公会計制度の改革』中央経済社。
- 小林麻理（2002）『政府管理会計　政府マネジメントへの挑戦』敬文堂。
- 柴健次・宗岡徹・鵜飼康東（2007）『公会計と政策情報システム』多賀出版。
- 鈴木豊（2004）『政府・自治体・パブリックセクターの公監査基準』中央経済社。
- 東京都会計管理局編（2010）『公会計白書　複式簿記・発生主義会計による自治体経営改革』。
- 中地宏・ナカチ公会計研究所編（2006）『自治体会計の新しい経営報告書』ぎょうせい。
- 日本監査研究学会・公監査研究特別委員会（2009）『公監査を公認会計士・監査法人が実施する場合に必要な制度要因の研究調査』（鈴木豊委員長）。
- 藤井秀樹訳（2002）『GASB/FASAB公会計の概念フレームワーク』中央経済社。
- 松尾貴巳（2009）『自治体の業績管理システム』中央経済社。
- 山本清（2001）『政府会計の改革　国・自治体・独立行政法人のゆくえ』中央経済社。
- 山本清（2005）『「政府会計」改革のビジョンと戦略　会計なき予算、予算なき会計は虚妄』中央経済社。

- House of Commons (1999), *The Government Resources and Accounts Bill: Bill 3 of 1999 - 2000,* Research Paper 99/97.
- HM Treasury (1988), *Central Government: Financial Accounting and Reporting Framework.*
- HM Treasury (1998), *Resource Accounting and Budgeting – A short guide to the financial reforms,* January 1998. (second edtion April 1999, third edition December 1999).
- Humphrey, C., Miller, P and Scapens, R.W. (1993), Accountability and Accountable Management in the UK Public Sector, *Accounting, Auditing & Accountability Journal,* Vol.6 No.3.
- McSweeny, B. (1994), "Management by Accounting", in *Accounting as Social and Institutional Practice* edited by Anthony Hopwood and Peter Miller, Cambridge

第5章

公共経営改革と公会計改革の世界的潮流

1 ニュー・パブリック・マネジメントの世界的潮流と特質

　1980年前後以降、UKをはじめとしてニュー・パブリック・マネジメント（New Public Management: NPM）の動きが、公共経営の世界的潮流となった。この動きを引き起こした公共における大きな趨勢、いわば「メガトレンド」についてHoodは次の4つを指摘している。

　①政府の成長の減速に対応する試み
　②サービス提供における「補助」の新たな強調とともに、中核的な政府制度から、民営化、準民営化への移行
　③公共サービスの生産及び配分における、特に情報技術による自動化の発展
　④行政における個々の国の特殊性というより、旧来の伝統を超え、さらに公共経営の一般的な課題、政策設計、意思決定方式及び政府内部の協力に一層焦点を当てた、より国際的なアジェンダの展開

　このメガトレンドを基礎として、NPMはまさにドクトリン（原理）として、公共経営の変革を引き起こした。このNPMの内容をHoodに基づき整理すると**図表5-1**のとおりである。

	原理	意味	典型的な正当根拠
1	公共セクターに「実際に参加する専門的マネジメント（経営管理者）」	トップに指名された「自由にマネジメントを行う」人による、積極的で、目に見える裁量的な組織コントロール	アカウンタビリティによって、権力の分散ではなく、行動の責任の明確な任務が求められる。
2	パフォーマンス（業績）の明示的な基準と尺度	特に専門的なサービスに対して、望ましくは定量的に示された、目的、目標値、成功の指標の明確化	アカウンタビリティによって、目的の明確な記述が求められる。効率性は目標の厳格な視点を求める。
3	アウトプット・コントロールの一層の強調	測定されたパフォーマンスにリンクした資源配分と報奨。中央集権化した官僚制全体にわたる人事マネジメントの解体。	手続きよりも結果を強調することが必要。
4	公共セクターの個別事業単位への分割への移行	公式に「一つのものからなる」単位の要素分解、財（アウトプット）について法人化した単位に、マネジメント・システムの分割を行う。「1ライン」の予算を分権化して、業務を行い、互いに対等な基礎で互いを扱う。	公式に「一つのものからなる」単位の要素分解、財（アウトプット）について法人化した単位に、マネジメント・システムの分離を行う。「1ライン」の予算を分権化して、業務を行い、相互に対等な基礎で互いを扱う。「マネジメント可能な」単位を創出し、提供と生産の利益を分離し、公共セクターの外部と同様内部で契約やフランチャイズ化した取り決めを用いる、効率性の優位を獲得する。
5	公共セクターにおける、より一層の競争への移行	期間契約及び公共入札手続きへの移行	コストを下げ、より良い基準への鍵としての競争
6	民間セクター方式のマネジメント実務の強調	軍隊方式の「公共サービス倫理」からの移行。雇用及び報奨における一層の柔軟性。民間の技法のより一層の活用。	公共セクターにおける「効果を論証済み」の民間セクターのマネジメント・ツールを用いる必要性。
7	資源の利用においてより一層の訓練と倹約の強調	労働規律を向上し、組合の要求を阻止し、業務に対する「コンプライアンス・コスト」を限定することによる直接コストの削減。	公共セクターの資源要求をチェックする必要性と「より少ないものでより多くのことを行う」

図表5-1　NPMの原理的構成要素

（出典）Christopher Hood, "A Public Management for All Seasons?", Public Administration, Vol. 69, Spring 1991, pp.4-5に基づき作成

　ここに集約されているのは、次の2つの理念の流れである。一つは、公共選択、取引コスト理論、プリンシパル・エイジェント理論を基礎とする新たな制度経済学であり、もう一つは公共セクターにおけるビジネスタイ

プの「マネジリアリズム」である。前者は、競争性、利用者選択、透明性、インセンティブ構造を、後者は専門的なマネジメント、自由なマネジメントを特質としている。

このような流れの中で、世界にはどのような動きがあるのか。米国、英国、ドイツの公共経営と公会計改革を見てみよう。

2　米国における結果指向の政府マネジメントの進展

(1)　米国連邦政府における公共経営と公会計改革

米国の公共経営、公会計制度改革の基礎は、第一次世界大戦後から築かれ、予算改革については、1920年から35年にいたる統制指向型（control-oriented）の段階、1935年から第一次フーヴァー委員会による業績予算の勧告と実行に至る管理指向型（management-oriented）の段階、1960年代以降ジョンソン大統領の指示によって開花した計画・プログラム設定予算システム（Planning Programming Budgeting System: PPBS）による計画指向型（planning-oriented）の段階、1970年代から1980年代に至るゼロベース予算（Zero Base Budgeting: ZBB）の段階を経て改革が進展した。現在においては、1993年8月『政府業績成果法』（Government Performance and Results Act of 1993：GPRA）さらに同法を改正した『GPRA現代化法』（GPRA Modernization Act of 2010：GPRAMA）によってフレームワークが明確に規定された戦略計画、業績計画、業績報告のリンケージによる成果指向の会計制度改革が実践されている。本項では、これらを中心とする米国の公共経営と公会計制度改革を検討しよう。

I　GPRAの目的

1993年に制定されたGPRAは、各政府機関の戦略計画と業績測定を有

効に結合し、各機関に希少な資源をより顧客満足を獲得するより有益な使途に配分するシステム構築を課すものであり、ここではプログラムの実効性について、厳しい事実認定を行っている[United States Congress, 1993]。それによれば、a) 連邦プログラムの無駄と非効率により国民の信頼性が喪失し、公共ニーズに適切に対処する連邦政府の能力が低下している、b) プログラム目標の不明確性とプログラム業績情報の不適切性によりプログラムの効率性と有効性の改善が困難となっている、c) プログラム業績と成果に対して注意が払われず、政策決定、支出決定およびプログラム監視が不十分かつ不適切となっている。

これに基づいて、GPRA第2条第(b)項は、国民の信頼性とアカウンタビリティの改善に焦点を当て、a) プログラムの成果達成に対する説明能力の保持、b) パイロット・プログラムの活用によるプログラム業績の改善、c) 成果・サービスの質および顧客満足に焦点を当てることによる有効性の確保、d) 成果とサービスの質に対する情報提供の拡充によるサービス提供の改善、e) 有効性、効率性に関する情報提供による議会の意思決定の改善、f) 政府の内部マネジメントの改善、という6つの目的を明示している。

II　GPRAにおける戦略計画と業績評価の内容

1) 戦略計画

GPRAにおける戦略計画の内容は、①政府機関の主要な機能と業務に関する包括的なミッションの表明、②政府機関の主要な機能および業務に対して、成果と関連する目標および目的を内容とする全般目標および目的、③それらの目標および目的を達成するために必要な業務プロセス、技能および技術、ならびにヒト、モノ、情報をはじめとする資源を含む、目標および目的の達成方法、④戦略計画における全般目標および目的と業績目標との関連性、⑤全般目標および目的の達成に重大な影響を与える機関の外

部およびそのコントロール外に存在する基本要因の識別、⑥将来のプログラム評価スケジュールと全般目標および目的を確立しまたは改定するのに用いるプログラム評価の方法、である。これらの基本事項は、戦略計画が、マネジメント・コントロールを有効に機能させるために重要な役割を果たす基本要素を網羅するものということができる。

2）業績計画と業績報告書

　アウトカムに焦点を当てたマネジメント・システムの重要な要素は業績評価であり、GPRAは、業績評価を業績計画と業績報告の2者によって実施し、計画に対する強力なフィードバック機能の実現を図っている。ここで、業績計画の内容は、①プログラム活動により達成する業績水準を明確化するための業績目標の確定、②目標の客観的、定量的、測定可能な形式による表現、③業績目標達成に必要な業務プロセス、技能および技術、ならびに人的資源、資本、情報資源などについての簡潔な記述、④各プログラム活動の適切なアウトプット、サービス水準、アウトカムの測定、評価に用いる業績指標の確定、⑤確立された業績目標とプログラム実績の比較の基礎の提供、⑥測定された価値の立証、確認に用いる手段の記述であり、行政管理予算庁（Office of Management and Budget：OMB）長官により、各行政機関の予算に設定される各プログラム活動について年次業績計画を作成することが求められている。

　この業績計画を基礎として業績評価を行い、その結果として作成される業績報告書においては、さらに次の事項が明確化されなければならないことが規定されている。

①当該財政年度の業績目標を達成できたかどうかの再検討

②報告書が対象とする財政年度における業績目標に対して達成された業績と相関させた、現行財政年度の業績計画の評価

③業績目標が達成されなかった場合の説明と明確化。これにはさらに、目標が達成されなかった理由、設定した業績目標を達成するための計

画およびスケジュール、業績目標が実現不可能な場合には、その理由と推薦される行動の明確化が求められる。
④行政手続に拘束されない業績目標を達成する際の有効性の評価
⑤当該財政年度に完了するプログラム評価の事実認定の要約

それぞれの具体的なシステム開発は各政府機関の責務とされているが、有効な業績評価システムを確立することが、マネジメント・サイクル全体の改善のための核心であることを認識し、各政府機関の業務プロセスに適合したシステム開発を義務付ける点できわめて重要な意味を有している。それと同時に、アウトカムの測定・評価とそれに対するアカウンタビリティの確実な遂行が明確に規定されていることに注目すべきである。

Ⅲ　GPRAの実施ステップ

GPRAの実施ステップは、次の3段階である。すなわち、第1ステップは、ミッションと望ましい成果の明確化、第2ステップは、業績測定、第3ステップは、業績情報の活用、である。各ステップにおいて、実践すべきことは次のとおりである。すなわち、第1ステップにおいては、a) ステイクホルダーを巻き込む、b) 環境評価を行う、c) 活動、中核プロセスおよび資源を調整する、第2ステップにおいては、a) 各組織レベルで、結果を明示し、重要な少数のものに限定し、複数の優先順位に対応し、責任プログラムにリンクする業績評価指標を作成する、b) データを収集する、第3ステップにおいては、a) 業績ギャップを識別する、b) 情報を報告する、c) 情報を活用する、である。さらに、GPRAの実施を強化するために、次の4点が重要である。すなわち、第一に、アカウンタビリティをもって意思決定を行う、第二にインセンティブを生む、第三に専門性を構築する、第四にマネジメント改革を統合するということである。これらの各ステップの連携を示すと**図表5-2**のとおりである。

第5章　公共経営改革と公会計改革の世界的潮流

```
ステップ1：
ミッションと望ましいアウトカ
ムの明確化

実践：
1 ステイクホルダーの巻き込み
2 環境評価
3 活動、中核プロセス、資源の
　調整

GPRA実施の強化

実践：
9  意思決定にアカウンタビリ
　ティをもたせる
10 インセンティブを創出する
11 専門性を構築する
12 マネジメント改革を統合
　する

ステップ2：
業績測定

実践：
4 以下の各組織レベルにおける測定
　基準を作成する
・結果を示す
・重要な少数に限定する
・複数の優先順位に対応する
・責任プログラムにリンクする
5 データ収集

ステップ3：
業績情報を活用する

実践：
6 業績ギャップを識別する
7 情報を報告する
8 情報を活用する
```

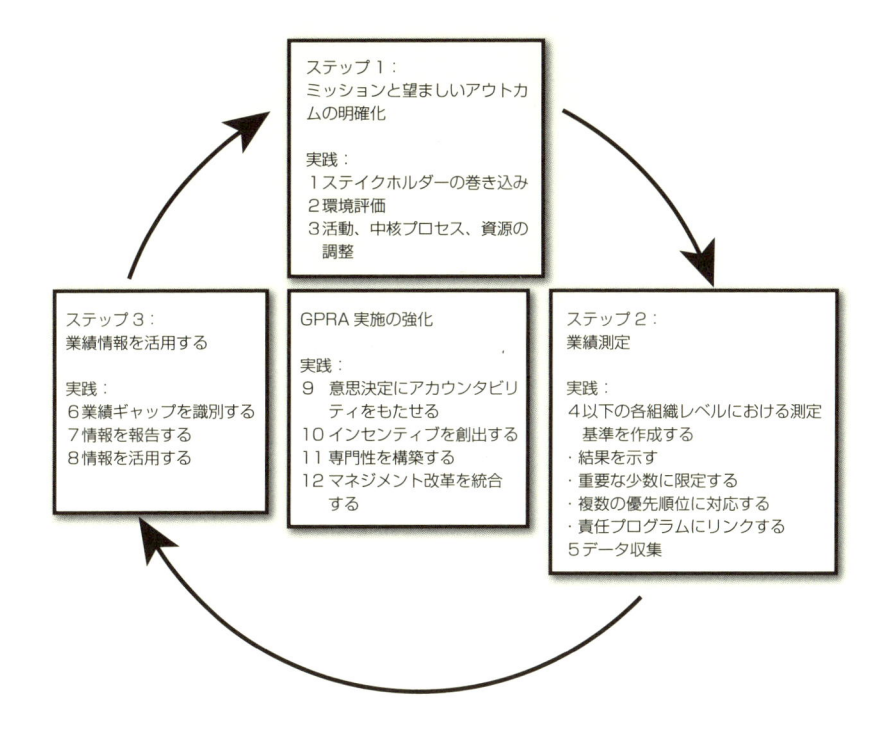

図表5-2　GPRAの実施手続
(出典) Comptroller General of the United States, *Executive Guide – Effectively Implementing the Government Performance Results Act*, United States General Accounting Office, June 1996, p.10.

Ⅳ　米国会計検査院によるGPRAの実践

では、実際に米国連邦政府の各行政機関はGPRAに従い、どのようにアウトカム・マネジメントを実践し、アウトカムを達成しているのであろうか。ここでは、米国会計検査院（General Accountability Office: GAO）[1]の最新の業績報告書『2011会計年度業績およびアカウンタビリ

---

[1] GAOは2004年に、名称をGeneral Accounting OfficeからGeneral Accountability Officeに変更している。理由は明らかではないが、当時の会計検査院長によれば、よりミッションを明確化し、その存在意義を強めるためというコメントがある。

55

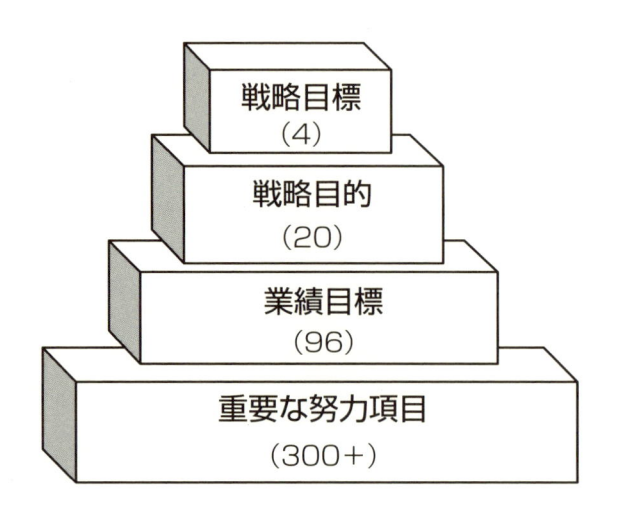

図表5-3　GAOにおける戦略計画と業績評価の階層構造

戦略目標（4）
戦略目的（20）
業績目標（96）
重要な努力項目（300＋）

(出典) United States General Accountability Office, *Performance and Accountability Report*, Fiscal 2011, p.7.

ティ報告書』に基づき、アウトカム・マネジメントの重要な要素である戦略目標の設定、業績計画と業績評価の具体的な内容を紹介しよう。

　GAOにおける戦略計画と業績評価のリンケージは、**図表5-3**に示される階層構造によりシステム化されている。すなわち、4つの戦略目標により、20の戦略目的が明確化され、それにより96の業績目標が設定される。これらに基づいて、実施すべき300を超える重要な努力項目と財務をはじめとする便益が識別されるのである。

　これらの階層構造を基礎として、GAOは**図表5-4**に示すように目標値と達成状況について報告を行っている。過去経年の実績値の推移が2006年から示され、また当該年度の目標値と実績、達成したかどうかを明確に示している。

業績尺度	2006実績	2007実績	2008実績	2009実績	2010実績	2011目標値	実績	達成／未達成	2012目標値
結果									
財務的便益（10億ドル）	51.0	45.9	58.1	43.0	49.9	42.0	45.7	達成	40.0
非財務的便益	1,342	1,354	1,398	1,315	1,361	1,200	1,318	達成	1,200
過去の勧告が実施された割合 %	82	82	83	80	82	80	80	達成	80
勧告による新たな成果物 %	65	66	66	68	61	60	68	達成	60
顧客									
証言	240	276	298	203	192	200	174	未達成	180
適時性 %	93	95	95	95	95	95	95	達成	90

図表5-4　GAO全体の年次業績尺度と目標値の要約

(出典) United States General Accountability Office, *Performance and Accountability Report*, Fiscal 2011, p.23に基づき作成

(2) 米国地方政府におけるマネジメント改革のフレームワーク

　この連邦政府におけるGPRAを基礎とした管理会計フレームワークを地方政府レベルに置き換えたものとして、政府業績プロジェクト（Government Performance Project: GPP）のフレームワークを挙げることができる。GPPはシラキュース大学マックスウェル大学院と州及び地方政府の行政担当者を対象として85,000部を発行する月刊誌『ガバニング』とのパートナーシップによって全50州、大規模35都市、大規模40カウンティ（郡）を対象として実施された前例のない調査である。政府のマネジメント・システムの改善すべき点や他の政府システムとの比較の方法をはじめとして、政府のマネジメント機能に対する理解を促進し、公共が政府のパフォーマンスとリーダーのアカウンタビリティをよりよく認識することを可能にしたとして高く評価されている。

　GPPはまず、過去の財政改革の失敗の原因を次の2点に要約している。

すなわち、第一に改革努力が散発的にしか行われず、対症療法的であること、第二に改革の成否を正しく判断するための後年の適切なフォローアップを欠いていること、である。この原因分析を基礎としてGPPは政府のマネジメント・キャパシティが政府の優れたパフォーマンスのプラットホームであり、その意味で（a）必要とされる場合に適格な人材を雇用することができるか否か、（b）必要なときに的確な情報を有し、活用することができるか否か、（c）リーダーのビジョンと戦略の両者を支援するシステムが存在しているか否か、を中核とする政府のキャパシティ・ビルディングが改革の重要なポイントであることを強調している。

ここで対象とする政府のマネジメント・システムは、まさにヒト、モノ、カネ、情報の4大経営資源、すなわち人的資源マネジメント、資本マネジメント、財務マネジメント、ITマネジメントであり、さらにこれらのマ

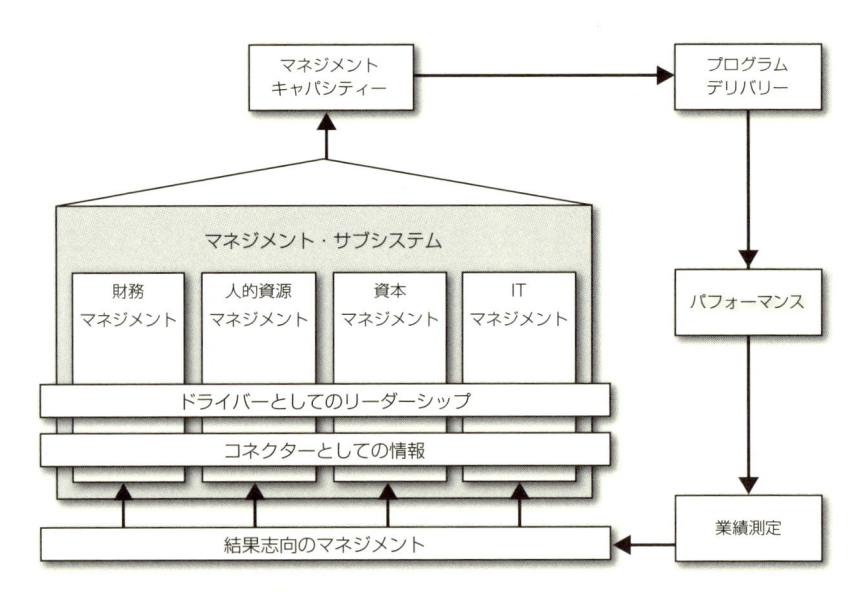

図表5-5 GPPモデルによる政府マネジメント・システム
（出典）The Maxwell School of Citizenship and Public Affairs, *Paths to Performance in State & Local Government – A Final Assessment from The Maxwell School of Citizenship and Public Affairs*, 2002, p.232に基づき作成

ネジメントを統合する結果指向のマネジメント（Managing for Results: MfR）が重要なマネジメント要素として加えられる。このGPPモデルは**図表5-5**のとおり提示される。政府のマネジメント・サブシステムとしての財務、人的資源、資本、ITのそれぞれのマネジメント・システム間のシナジーがきわめて重要であり、MfRは、情報集積とそのフィードバックを目的とするがゆえに、潜在的にそれらシステムの統合機能を果たすことが強調されている［The Maxwell School of Citizenship and Public Affairs, 2002, p.29］。

3　英国の資源会計予算における管理会計の機能

(1)　英国における結果指向の政府マネジメント改革

英国においても1980年代以降、高品質の公共サービス・ニーズの高まりとサービスに対する対価の支払の必要性を背景として、政府における結果指向のマネジメント・システムが強調された。改革の焦点は当初、歳出の効率性の促進であり、インプット・コストをコントロールすることに主眼が置かれていたが、次第に公共サービスのパフォーマンス・レベルを高めることによって支出に見合った価値（Value for Money: VFM）を実現することにその焦点を移行したことが指摘されている［HM Treasury, 2001, pp.1-2］。まさに政府の最新化と改革、アカウンタビリティの向上を目指した政府マネジメント改革のフレームワークがここに示されたということができる。すなわち、**図表5-6**に示されるとおり、厳しい財政的制約下における政策の優先順位づけを規定する公共サービス合意（Public Service Agreement: PSA）を頂点として、サービス提供合意（Service Delivery Agreement: SDA）、省庁別の戦略に基づく省庁別事業計画、さらに事業グループ別計画、スタッフ別業績およびアカウンタビリティ計画にブレイクダウンされるとともに、それぞれに設定された目標と目標値に

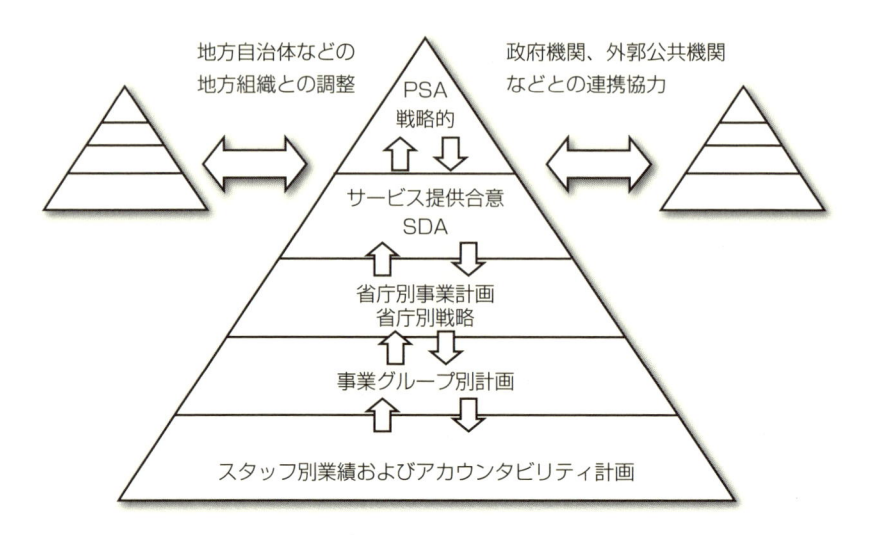

図表5-6　事業計画設定へのPSAのブレイクダウンとフィードバック
(出典) General Expenditure Policy HM Treasury, *Outcome Focused Management in the United Kingdom*, 2001, p.2に基づき作成

対して測定された業績評価情報がフィードバックされる仕組みが明確に示されている。

(2) 資源マネジメントのフレームワーク

このPSAと業績評価を連携するフレームワークの構築に加えて、英国政府は2001年4月に、発生主義に基づく新たな資源ベースによる財務マネジメント・システム、すなわち資源会計予算（Resource Accounting and Budgeting: RAB）に移行した。この新システムは、資源ベース、すなわち現金収支管理から脱却した資源全体のマネジメントをターゲットとするものであり、完全発生主義による中央政府の計画設定、予算編成、見積および報告を統合することによる財政改革の推進を意図するものである。ここで資源ベースの財務マネジメントとは、「政府の政策の優先順位を省庁

議会	・目標を達成するために資源がいかに利用されているか、納税者が支出に見合った価値を受け取っているか否かについてより優れた情報を提供する。 ・公的支出のよりよい精査を行うことができる、より多くのそしてより優れた情報を提供し、議会に対するアカウンタビリティを向上する。
中央政府	・歳出計画の設定により精緻でかつ戦略的なアプローチと、資源を配分する方法に関する意思決定を通知する、より優れたデータを提供する。 ・消費と投資をより明確に区別することにより現行の財政フレームワークを高める。 ・政府を最新化するというアジェンダに貢献する。
省庁	・資源マネジメントに役立つ、コスト、資産および負債に関するより優れた情報を提供する。 ・資源配分および資本的支出をサービスの提供と結びつける。 ・活動のフルコストを測定し、支払時ではなく発生時にコストを記録する。 ・サービスの提供に用いられる耐用年数にわたって資産を割当てる。 ・債務者、債権者、ストック（運転資本）および固定資産のマネジメントを改善するインセンティブを与える。

図表5-7　資源ベースの財務マネジメントによる便益
(出典) HM Treasury, *Managing Resources – Implementing resource based financial management*, 2002, p.4に基づき作成

の戦略および予算に言い換え、それから提供されるサービスの効率性および有効性について議会に報告する」[HM Treasury, 2002, p.3] ものと定義され、これによる便益は**図表5-7**のように要約される。

　この資源ベースの財務マネジメントのフレームワークは、意思決定、業績評価のフィードバックループを基本とする計画・コントロール・システムの管理会計概念に基づいており、**図表5-8**のとおり示される。

　ここで重要なポイントは、次の4点である。すなわち、第一は、政府の優先順位に基づいた中期支出計画（Spending Review: SR）が作成され、そこからさらに資本予算と資源予算が編成されること、第二に、SRに基づきPSAによるアウトカム業績評価とSDAによるアウトプットの業績評価が実施されること、第三に、資源会計と業績評価を結合した形で年次報告を作成し、計画にフィードバックする管理会計システムとしてフレームワークが形成されていること、第四に、資本予算はこの場合新規資本支出であり、省庁の投資戦略と結びついていること、である。政府全体の会計

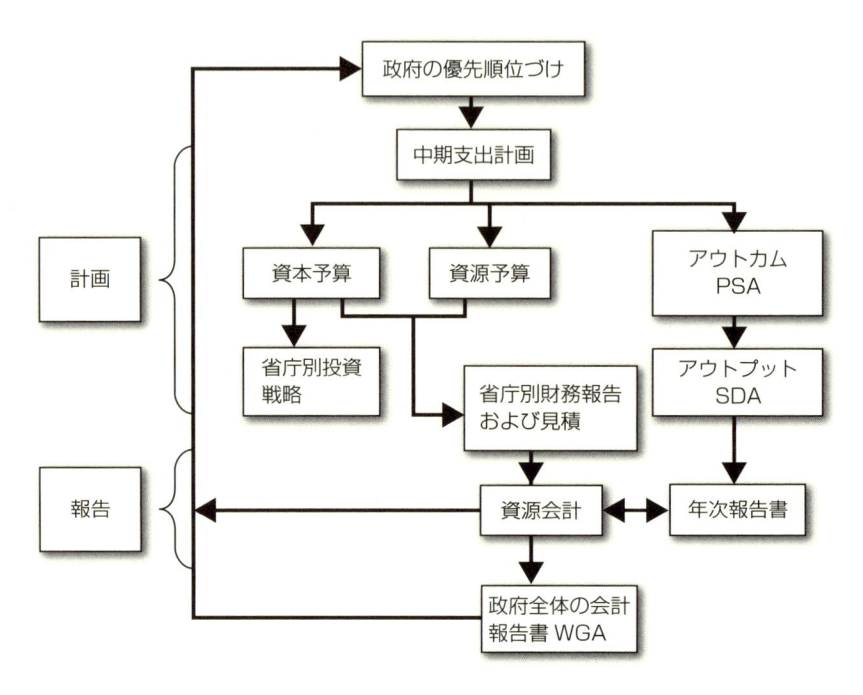

図表5-8 資源ベースの財務マネジメントのフレームワーク
(出典) HM Treasury, *Managing Resources – Implementing resource based financial management*, 2002, p.5に基づき作成

報告書（Whole Government Account: WGA）によりさらに、業績情報の比較可能性が向上し、個々の政府組織の業績のベンチマークを設定することにより、能力を改善するとともに、一貫した基準で目標値を設定し測定することが可能となることが重要である。

4　ドイツにおける公共経営と公会計改革

（1）ドイツにおいてNPMの取組はなぜ遅れたか

ドイツがNPMに取り組んだのは1990年代以降である。他の先進国と

比較してきわめて遅いこのタイミングは何を意味しているのであろうか。Wollmannをはじめてとして多くの論者はこの理由について次のような点を指摘している[2]。

　①財政の逼迫による改革の圧力は1990年代半ばまでそれほど強くなかった。現実に予算削減が最初に起こったのは1995年であった。
　②改革議論はドイツが国際的な標準に照らして、少なくとも行政活動の正当性、専門性、信頼性の観点からみても、比較的パフォーマンスは良いという見解が、行政担当者にも政治家にも、広く共有されていた。
　③社会サービスの外部委託や強制競争入札などは自治体においてすでに実施されていたため、NPMの考え方には新規性がなかった。
　④アングロサクソン諸国においては民間と公共の境界は理念的に流動的であるのに対して、ドイツのような伝統的に大陸法の国では理念的に国家は独立した存在であるという考え方が一般であり、NPMの考え方になじめなかった。

この結果として、ドイツはOECD諸国に圧倒的な影響力を与えていたNPMの議論には参加せず、従前から実施していた改革の方向性、すなわち、コストの削減、事務事業の精査、費用便益分析などを中心とする改革を行っていた。

　ここにいくつか日本と類似点を見ることができる。すなわち日本において、①財政の逼迫が顕在化したのは1990年半ばからである、②国から地方へという分権の流れが急速に進展したのは1990年代後半からであり、NPMによる行政改革の必要性はそれほど緊迫したものではなかった、③さらに国際標準との比較という観点はあまり浸透していなく、行政のパフォーマンスの比較評価という視点はなかった、という点である[3]。

---

[2] Hellmut Wollmann, "Local Government Modernization in Germany: Between Incrementalism and Reform Waves," *Public Administration*, Vol.78 No.4, 2000, pp.915-936.

[3] 日本においてNPMの視点による行政改革が現実として進展したのは2000年以降のことであり、総務省の指導の下、行政評価、外部委託、公会計整備、定員管理が現在においても推進されていることは周知である。

しかし他方でドイツには、日本と異なる改革要因も形成されていた。それは、1960年代から70年代にかけて実施された州による強制的な境界の引きなおし、すなわち行政区域改革を契機とするものである。この改革により、コミューンは425から237へ、都市は24,000から8,500へと減少し、これに伴い、大きくは次の2つの変革が行われた。すなわち、第一は、州から自治体への権限委譲が法的にも実施されたことであり、第二は、市民サービス法の改革により、都市計画手続きなどに市民参加が強化されたことである[4]。行政改革推進の素地ともいうべき基本的要素が醸成されたということができる。

(2) 1990年代における抜本的な変革——NPMへ——

　行政改革において、このようにNPM諸国とは異なる道を歩んでいたドイツは、1990年代初頭に2つの方向で変革を迎えた。一つは10年遅れのNPMの導入であり、もう一つは自治体の制度的な取り決めが、市長の直接選挙など直接民主主義の手続きを導入することによって再編されたことである。

　なぜ1990年代にNPMへの転換が行われたのか。Wollmannをはじめとする論者によれば次のような重要な契機が指摘されている[5]。

① 1990年代の初頭から政府のすべてのレベルで予算を縮減する圧力が強化された。厳格な緊縮予算を求めるマーストリヒト基準を充たす必要があると同時に、東西統合の過程で歳出が極端に増大したことから公的債務は急上昇した。これにより「スリムな政府」と経済的に効率的な行政を約束するNPMを政治家も行政も必然的に求めた。

---

[4] これらがさらに1980年代のワンストップオフィスや職員の顧客志向の職務研修の実施につながったとされる。

[5] Hellmut Wollmann, "Local Government Modernization in Germany: Between Incrementalism and Reform Waves," Public Administration, Vol.78 No,4, 2000,pp.915-936.

②他と比較してドイツの行政モデルが強力で質が高いという、実務家、研究者が同様に共有していた自信が国際競争の中で打ち砕かれた。具体的にはバーテルスマン財団が1992年に実施した全世界における最も革新的な行政経営ランキングにおいて、米国のフェニックス市やニュージーランドのクライストチャーチ市がトップを占める中で、ドイツの優良都市がまさに最下位部分を占めていた。このことは専門家のみならず、一般市民の目を見開かせる大きな契機となった。

③新しい行政改革を先導し、動かす決定的なアクターとして自治体共同機構（Kommunale Gemeinshaftsstelle: KGSt）が、1980年代後半までの伝統的な行政組織モデルから、NPMを推進する新しいドイツ版モデルを開発し、普及啓発する重要な役割を担った。

　日本との類似点はまず、第一の契機としての財政的逼迫である。まさに、分権化の進展と財政逼迫、地方債残高の逼増、多様化するサービスニーズが、日本の現実であり、それこそが日本の自治体に効果的な行政改革の推進を緊急課題としている。また、第二の契機を日本に当てはめることも可能である。すなわち、英語圏に対する日本は、英語圏におけるドイツよりも一層隔離されており、国際的な行政のパフォーマンスランキングとは程遠い存在である、という事実である。まさに、日本の自治体はドイツと異なり、夕張破綻が現実となるまで、目を見開く契機をもたなかったのである。

　これに対して、決定的な相違は第3のKGStであろう。確かに日本にも自治体が会員となっている公的シンクタンクや教育研修機関は存在する。しかし、NPMのための主要な勧告を精緻化する実務家によるワーキンググループを立ち上げるなど、自治体経営改革の推進を明確に目的として、ドライビングフォースとして効果的に機能している自治体協会を挙げることはできない。KGStは、現在人口25,000人以上の1600超の自治体が会員となり、NPMに関する30を超えるレポートを発行し、具体的に1993年以降ハノーバー、ニュルンベルグ、ケルンなど中大規模都市で実験が始まったNPMの支援を行っている。これが日本との大きな違いである。

(3) ドイツ版NPM——ニュー・ステアリング・モデル

　ここで、ドイツにおいて1990年代以降進められているドイツ版NPM改革、すなわちニュー・ステアリング・モデル（Neues Steuerungs Model: NSM）の源がどのような特質を持っているのかを検討し、日独の行政改革推進における異なる要素について検討し、何をそこから学ぶことが出来るのかについて考察しよう。NSMは、オランダ・ティルブルグ市が1980年代に実践した完全な企業経営による行政経営（ティルブルグモデル）をベースとしている。

I　ティルブルグモデルとは何か

　ティルブルグ市はオランダで6番目に大きい都市であり、人口は現在約20万人、首都アムステルダムの南に位置している。20世紀半ばまで繊維工業で繁栄した都市として知られ、2009年に市制200年を迎える。このティルブルグが、1980年代の半ばに企業経営に極めて近い行政経営を推進し、それがティルブルグモデルと呼ばれ、大きな影響を与えた。ティルブルグモデルの主要な特徴は次の6点である。

①すべての活動をあまり多くない数のプロダクト（産出物）に置き換えることにより、すなわちアウトプットによって思考する
②コストとアカウンタビリティを統合する
③議会と市民の両者に開かれた透明なプロセスを確保する
④さまざまなサービスの管理者が直接プロセスに責任を負うという意味で、完全なマネジメント（経営管理）を行う
⑤権限を分権化する
⑥業務を質の高くかつ市民に優しいものとする

　これらの特徴をもつティルブルグの行政改革は、まさにNPMそのものであり、企業経営に準じた方式の計画設定とコントロール、組織のフラッ

ト化、事前予防を目的とするスクリーニングが実施された。

II　NSM推進における自治体共同機構の機能と貢献

　KGStは、NSMを導入するための勧告をより効果的に行うための実務家からなるワーキンググループを形成し、また1988年にティルブルグモデルに喚起され、ドイツ版NPMであるNSMを推進する強力なシンクタンクの役割を担った。1991年以降KGStは30を超えるNSM報告書を発行するとともに、ティルブルグモデル（TM）をマスターケーススタディとしてNSMの設計の精緻化を促進した[6]。具体的には、1992年にKGStはTMに関するレポートを発行し、さらにティルブルグの全統括マネジャーのFons Shrijvers氏がドイツの自治体にコンサルタントとしてきわめて影響力のある役割を果たした。そこでの基本的考え方は次の6点である。

①すべてのアウトプットをプロダクトとして記述するプロダクト・アプローチ

②サービスと資源に対する責任を統合し、準自律的な単位にこれらの統合された責任を分権化して配分する（責任単位の確立）

③市の組織を分権化する

④予算をアウトプット指向にし、業績指標に基づく業績測定を実施して報告システムを包括化する

⑤議会の戦略的な役割と行政による業務管理の役割とを区別する

⑥一定のプロダクトに対してトップマネジメントと異なる組織単位間で合意を行って内部契約マネジメントを実施する、言い換えれば目標値に基づいて予算を設定する

---

[6] KGStがティルブルグモデルを積極的に取り上げたのは、次のような理由による。すなわち、①ティルブルグが、KGStが設立されたケルンときわめて近似した環境にあったこと、②ティルブルグモデルを推進した専門家によって普及促進活動が強力に行われたこと、③ティルブルグの基本的な考え方がNSMの初期の考え方と特徴にきわめて整合していたこと、である。

第1部　公共経営と公会計の基本的考え方

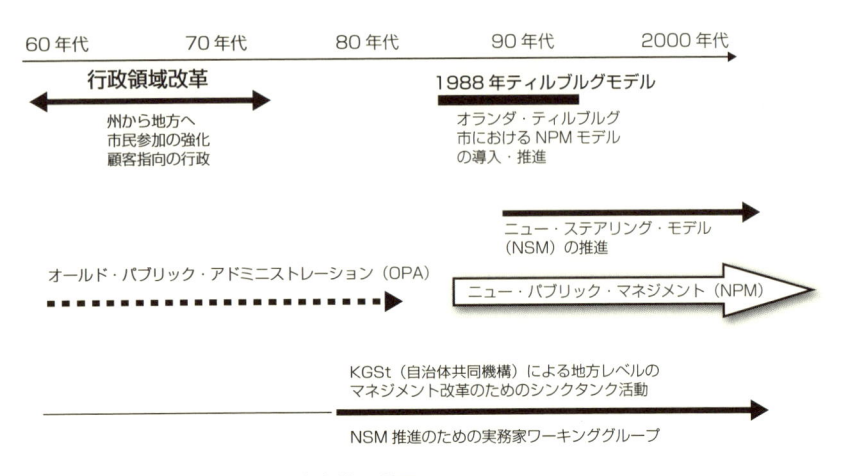

図表5-9　ドイツにおける行政改革の進展

これらに示されるドイツの地方自治体の改革の進展を図表で示すと**図表5-9**のとおりである。1980年代までの古い行政経営から、1990年代以降のNSMにいたるためには、KGStの機能が重要であり、市民参加や直接民主主義の働きが有効であった。

Ⅲ　ハードからソフトの改革の必要性

しかし、ここには予算編成、原価計算、監視というハードに集中して改革が行われるという重大な欠点があった。すなわち、組織の変革や、人的資源管理、品質経営などのソフト要因を併せ持っていなかったという欠点である。ドイツの自治体が次のような問題を認識していたことをReichardは指摘している[7]。

①適切なプロジェクト・スケジュールと変革の戦略など明確なプロジェ

---

[7] Christoph Reichard, "Local Public Management Reforms in Germany," *Public Administration*, Vol. 81, No.2, 2003, pp.345-363.

クト・マネジメントの考え方が欠如していた。
②変革のプロセスに職員の参加が弱く、改革の課題に対するやる気を失わせ、50%の職員が改革のプロセスに懐疑的である。
③変革の全プロセスにおいて政治家の巻き込みが弱い。

コストダウン／ダウンサイジングと、改革プログラムの主要なターゲットとしてのマネジメント改革との間に解決されないコンフリクトがある。

　ここに、日独における改革の相違を説明する重要な鍵がある。すなわち、行政改革に10年の長のあるドイツは、行政改革は単なる制度改革ではなく、ソフトの改革、すなわち組織文化の変革、人の変革、改革をリードするリーダーシップ、さらにはステイクホルダーの巻き込み、協働による改革の方向性の探求と支援が重要であることを学習しているということである。改革の緒に就いたばかりの日本はそこにこそ学ぶ必要がある。制度の変革は組織、人の改革を生まなければならず、そこには首長、議会のみならず、自治体相互の協働による変革こそ、行政改革を推進する強力なパワーとなる。行政改革の推進には、**図表5-10**に示すようなピラミッド構造が必要であるということである。

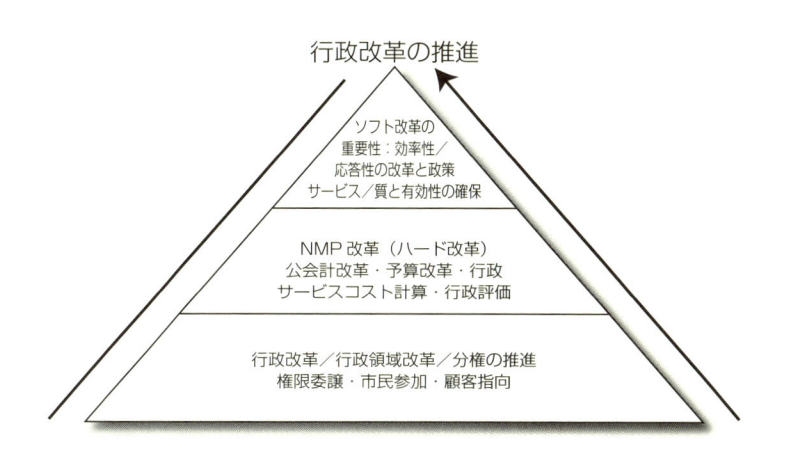

図表5-10　行政改革の推進プロセスと成功要因

ピラミッド図：
- 頂点：行政改革の推進
- 上層：ソフト改革の重要性：効率性／応答性の改革と政策サービス／質と有効性の確保
- 中層：NMP改革（ハード改革）公会計改革・予算改革・行政サービスコスト計算・行政評価
- 下層：行政改革／行政領域改革／分権の推進　権限委譲・市民参加・顧客指向

第2部
日本における公共経営と公会計改革

第6章

日本における行財政改革の基本問題

1 国の課題：財政構造改革から小泉改革、そして新たな公共へ

(1) わが国の財政の状況

　わが国の公債残高は約709兆円、国民一人当たりで換算すると約556万円の負担となる。さらに、地方を合わせた長期債務残高は約940兆円に上る（2012年度末見込み）。これは諸外国との比較でも高い水準であり、わが国の債務残高の対GDP比率205.3％（2011年末）は、欧州債務危機の発端となったギリシャ、アイルランド、ポルトガルをも上回る（**図表6-1**）。欧州債務危機後も、日本国債の価格は比較的安定しているものの、脆弱な財政状況や、国内投資家の国債保有余力低下等に鑑みれば、国債価格急落のリスクは否定できない。金利が上昇した場合、一般会計歳出の1割を占める利払い額（10兆円、2012年度当初予算）の増加のみならず、歳入の49％を占める公債金の調達（44兆円、2012年度当初予算）が困難になり、行政サービスの供給に支障が生じかねないのである。では、わが国の財政状況はなぜここまで悪化したのであろうか。

　わが国の財政規律に関しては、財政法において制限がもうけられている。

(%)

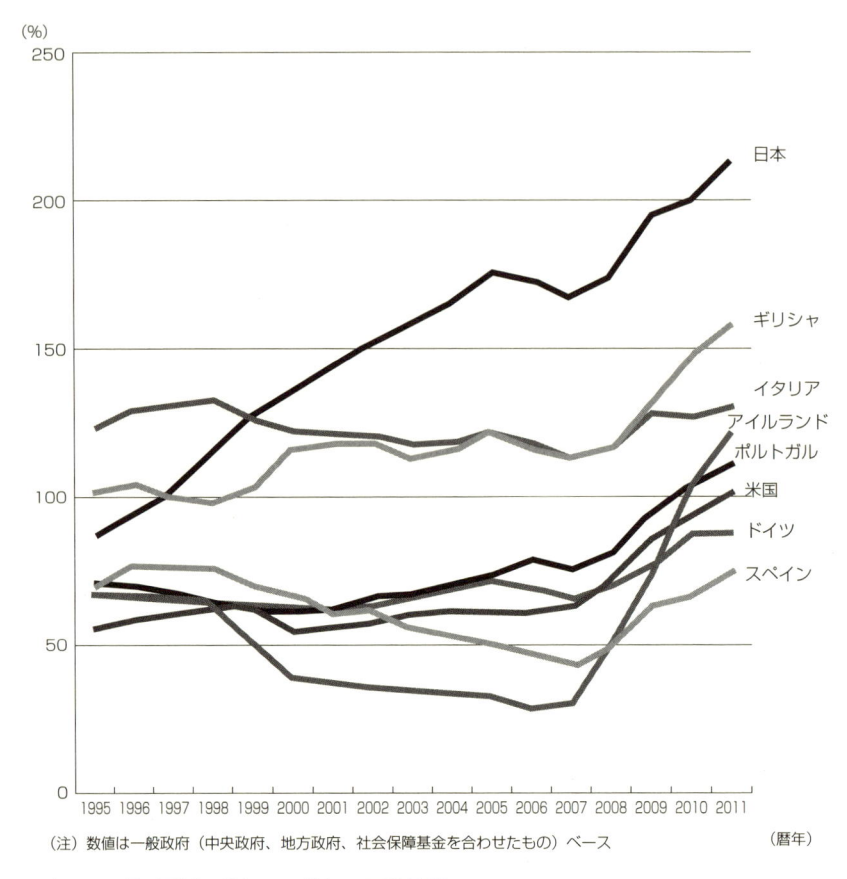

図表6-1　債務残高（対GDP比）の国際比較
（出典）OECD、財務省

（注）数値は一般政府（中央政府、地方政府、社会保障基金を合わせたもの）ベース

財政法第4条では、健全財政主義および建設公債の原則を掲げ、歳出は原則として税収によりまかなうとしつつ、負担の世代公平性という考えのもと、公共事業費等についてのみ公債発行を認めている（6頁 *column* 参照）。しかしながら、第一次石油ショック後の1975年、第4条の定める範囲を越えた特例国債（いわゆる赤字国債）の発行を可能にする特例立法が制定されて以降、公債残高は増加を続け、2012年度末の国の公債残高は一般会

計税収の17年分にまで拡大する見込みである。

公債増加の要因は、経済環境悪化のみではない。80年代までの財政赤字は、景気悪化に起因するものが主であったが、90年代に入ると、高齢化にともなう社会保障給付費の増加という構造要因が加わり、財政赤字は拡大する。政府は、景気回復のみに依存して財政健全化を図ることが困難となったことを意味する。そこで政府は、経済、財政政策のみならず、行政サービスの効率化、社会保障給付見直しを含めて歳出、歳入を総合的に見直し、将来戦略を描く必要性に迫られるのである。総合的な将来戦略は、その基盤となる経営理念、ガバナンス概念に大きく左右される。わが国はどのように改革への道を辿ったのか。以下に、1980年代以降のわが国の財政改革の取組と、その背景にある考え方について概観する。

(2) 1975年以降、国債大量発行時代へ

わが国の財政は、戦後、高度成長期を迎えて均衡財政を維持していたが、国際収支の悪化による不況に直面し、1965年、建設国債が発行された。ただし、この時点では、建設国債の原則および市中消化の原則は堅持され、国債依存は抑制されていた。しかしながら、第一次石油ショック以降、1974年に戦後初のマイナス成長に陥ったことで、政府は財政法4条に基づく特例法を制定し、建設公債の範囲を越えた特例公債、いわゆる赤字国債2.5兆円の発行を行った。その後、バブル期の一時期を除いて特例公債の発行は続き、2012年度予算の特例公債発行額は38兆円に上っている。

(3) バブル崩壊と財政構造改革

バブル崩壊以降、金融機関の経営悪化、阪神大震災、円高等による長引く不況の中、政府は景気対策に追われ、1992年以降、20年間に実施された経済対策は24にのぼる。そして、度重なる財政出動と並行して財政

状況は急激に悪化し、1999年、債務残高の対GDP比率はイタリアを上回り、主要国で最悪の水準となった（**図表6-1**）。このような状況を受けて、橋本龍太郎内閣は1997年度予算を財政構造改革元年と位置づけ、1997年6月に「財政構造改革の推進について」を閣議決定、そして同年12月に「財政構造改革の推進に関する特別措置法」を制定した。同法では、2003年度までに単年度の財政赤字の対GDP比を3％以下とし赤字国債依存を脱却すること、1998年度～2000年度は聖域を設けず歳出の削減をはかる集中改革期間とすることが定められ、社会保障、公共投資を含む諸分野の歳出削減目標が示された。景気回復のみに依存しない、歳出削減を含む構造改革策が示されたのである。しかしながら、1997年にはアジア通貨危機の発生に加え、山一證券、北海道拓殖銀行などの大手金融機関が破綻し、景気は再度悪化に転じる。そのため、景気対策が優先され、1998年12月には財政構造改革停止法が制定され、財政構造改革は事実上凍結された。

(4) 小泉内閣の構造改革とNPM

2001年4月、聖域なき構造改革をスローガンに発足した小泉内閣は、経済財政諮問会議[1]が示した、構造改革の指針、「今後の経済財政運営及び経済社会の構造改革に関する基本方針」（以下「骨太2001」）を同年6月に閣議決定した。「骨太2001」では、不良債権処理を軸とした経済再生のシナリオとともに、構造改革のためのプログラムが示された。構造改革については、「官から民へ」、「中央から地方へ」という原則を示すとともに、新たな行政手法としてニュー・パブリック・マネジメント（NPM）が紹介された。NPMに関する定義は様々であるが、「骨太2001」では、①徹底した競争原理の導入、②業績・成果による評価、③政策の企画立案と実

---

[1] 2001年1月に、経済財政政策にかかわる重要事項について審議するために設置された。内閣総理大臣を議長とし、民間有識者を含む10名の議員から構成される。同議会の答申等は閣議決定され、内閣の基本方針となる。

施執行の分離という概念を引用している。そして納税者である国民を、行政にとっての顧客と位置づけ、行政が顧客である国民の満足度の最大化を追求する必要性を説いた。

　小泉政権前半の2001年から2003年は、不良債権処理を集中的に推進したが、不良債権処理に目途がついたところで構造改革も本格化する。まず、「中央から地方へ」については、2003年6月の地方分権改革推進会議の最終報告「三位一体改革についての意見」を受け、2004年度予算以降、国と地方の三位一体改革にかかわる財源措置がなされた。そして、「官から民へ」に関しては、2004年に「今後の行政改革の方針」が、そして翌2005年には「行政改革の重要方針」が閣議決定され、政策金融改革、独立行政法人等の見直し、特別会計改革、公務員の総人件費改革、政府資産・負債改革、社会保険庁改革、規制改革・民間開放の推進、政策評価の改善・充実、公益法人改革等が推し進められた。小さな政府を目指す構造改革は、公務員削減など行政組織の改革にとどまらず、社会保障の給付水準の見直しにも及んだ。2006年6月に内閣官房長官主催の社会保障の在り方に関する懇談会がとりまとめた「今後の社会保障の在り方について」では、持続可能性な社会保障のための年金、医療、福祉にわたる総合的な見直しの必要性が説かれ、「骨太2006」では今後5年間にわたり社会保障費を毎年2,200億円程度抑制する方針が示された。また、人件費、公共投資等の削減も含めた総合的な歳出削減目標、すなわち今後5年間で11.4兆円以上の削減という目標が示されるとともに、2011年度のプライマリー・バランス黒字化も目標に掲げられた。しかしながら、2008年に米国金融危機で再度深刻な景気悪化に陥ると、続く麻生政権では、景気対策を優先し、財政健全化策は棚上げされる。そして2008年10月に約26.9兆円、12月に37兆円、2009年4月には56.8兆円という大規模な経済対策が実施され、財政状況は大幅に悪化した。

(5) 民主党政権と新しい公共

　景気悪化と相次ぐ首相交替で自民党政権への不信は高まり、2009年8月の衆議院選挙では民主党の鳩山内閣が誕生した。小泉政権が行政経営の効率化を通じて小さな政府を追求したのに対し、鳩山政権は2010年6月に「新しい公共」宣言を行い、国民・市民、企業、政府等が協働する、すなわち支え合いによる社会を創ることを目指すとした。そのための体制整備として、寄付税制の整備、社会的活動を担う人材育成、市民セクター等との関係の再編成などをあげ、市民、NPOをはじめとする多様な担い手が協働する社会像を描いた。しかしながら、このビジョンの中期的な経済財政運営への影響は未知数である。民主党政権は経済財政運営に関しては、経済財政諮問会議を廃止し、新たな司令塔として国家戦略室を設置した。そして、歳出の見直しを進めつつ、「コンクリートから人へ」の理念のもと、子供手当創設、高校授業料の無償化、農業の個別所得補償、高速道路の無料化などを盛り込んだ予算を編成した。財政運営については、2010年6月に「財政運営戦略」を閣議決定する。そこでは、国・地方のプライマリー・バランスの赤字を2015年度末までに対GDP比で2010年度の半分にし、遅くとも2020年度までに黒字にすることなどが盛り込まれた。しかしながら、2011年3月の東日本大震災の発生で、経済財政戦略は早くも見直しを迫られる。復興対策が求められる一方、2011年度当初予算は、公債金収入が租税等収入を上回る44兆円（歳入総額の48%）に達した。欧州債務危機が深刻化する中、これ以上の財政状況の悪化を防ぐ必要があるとの危機感から、民主、自民、公明の三党協議をへて社会保障と税の一体改革も推し進められた。2014年4月8%、2015年10月10%への段階的な消費税引き上げを含む、社会保障と税の一体改革に関連する法案は、2012年8月に可決、成立した。

　以上のように、政権交代当初、自民党政権とは異なる経営理念を掲げた民主党であるが、東日本大震災の発生もあり、財政面で新たな政策を執行

する自由度は低く、政策の違いは希薄化した。英国では、ブレア政権は社会民主主義的国家運営（第一の道）、サッチャリズム（新自由主義）的国家運営（第二の道）を越えて、現代化された社会民主主義を再構築するために「第三の道」を掲げ、政府の役割をパートナーシップの促進と分権化とした（安2005）。ここには民主党政権が掲げる新しい公共との共通点が多く見られる。しかしながら、これらの改革はコスト削減と比較して、短期間に成果を確認することが難しい。加えて、第三の道におけるガバナンスを機能させるためには、政治家、行政、主権者というそれぞれのアクターがそれなりの持ち分を果たす必要がある（山本2003）。このような困難もあり、キャメロン政権への政権交代以降、ブレア政権で行われていた改革の一部は効果が疑問視され、廃止されている。

　わが国の財政においては、一般会計歳出の3割を社会保障費が占めており（2012年度当初予算）、今後高齢化にともないさらなる増加が見込まれる。現在、社会が求めるガバナンス像が明確でないまま、社会保障と税の議論が進められているが、社会保障給付に関する考えは政府に求める役割、すなわちガバナンスの考え方により大きく異なる。まずは、どのようなガバナンスのもと、政府にどのような役割を期待するかを見極めたうえで、経済政策、財政政策、行政改革、社会保障改革などを総合的に再考する必要がある。

参考文献

・新たな行政マネジメント研究会「新たな行政マネジメントの実現に向けて」（2001）
・安章浩「イギリス行政の変容と新しいガバナンス―ニュー・パブリック・マネジメントの現状と展望―（1）〜（8）」（2004-2005）『行政とADP』2004年9月号〜2005年7月号
・閣議決定『財政構造改革の推進について』（1997）
・閣議決定『今後の経済財政運営及び経済社会の構造改革に関する基本方針』（2001）
・閣議決定『今後の行政改革の方針』（2004）

- 閣議決定『行政改革の重要方針』(2005)
- 閣議決定『今後の経済財政運営及び経済社会の構造改革に関する基本方針』(2006)
- 閣議決定『財政運営戦略』(2010)
- 財政構造改革会議『財政構造改革の推進方策』(1997)
- 財政制度等審議会 財政制度分科会『財政の健全化に向けた考え方について』(2011)
- 財務省『日本の財政関係資料』(2012)
- 杉本和行「財政と法的規律―財政規律の確保に関する法的枠組みと財政運営」(2011)『フィナンシャル・レビュー』平成23年第2号（通巻第103号）、財務総合政策研究所
- 地方分権改革推進会議『三位一体改革についての意見』(2003)
- 西田安範編著『図説　日本の財政　平成24年度版』(2012) 東洋経済新報社
- 山本清「NPMの国際比較」(2003)『季刊行政管理研究』103号

2 国における公会計改革の歩み

(1) 行政改革の進展と公会計制度の整備

i) 行政改革と公会計制度

　行政改革の流れを受けて公会計制度の整備が進展するのは2000年以降のことである。バブル経済崩壊後の90年代前半は、不良債権問題への対応が急務であり、政府は行財政改革よりも経済対策を優先した。そのため、行政改革が大きく前進するのは、1996年に橋本内閣が発足して以降のことである。同内閣は、行政改革会議を設置し、グローバル化、価値観の多様化など社会環境の変化に対応するためには、国の機能の再構築、なかでも肥大、硬直化した政府組織を改革する必要があるとの方針を打ちだし、中央省庁改革を推し進めた。続く小渕内閣も行政改革に積極的に取組む。同内閣は、小さな政府や地方分権の重要性を説き、これらは、経済戦略会議の答申「日本経済再生への戦略」（1999年2月）に折り込まれる。ここで公会計制度の改善が、公的部門の効率化、スリム化の大前提であると明示されたのである。具体的には、国、地方公共団体に対して企業会計の要素を取り入れた財務諸表の導入が必要であるとし、複式簿記、発生主義の導入、外郭団体を含む連結決算書の作成、地方自治体の統一財務書類作成、外部監査の導入・拡充などの項目が示された。この認識は次の森内閣にも引き継がれ、2000年12月に閣議決定された行政改革大綱においては、特殊法人等の改革、公務員制度改革、行政評価システムの導入、地方分権の推進などとならび、公会計の見直しが盛り込まれた。そこでは、①「国の貸借対照表」（試案）の改善、②特殊法人等の会計処理の見直し、③独立行政法人の外部監査の見直しなど、より踏み込んだ検討項目が提示された。続く小泉内閣も「今後の経済財政運営及び経済社会の構造改革に関する基本方針」（骨太2001）において、NPMをはじめとする新しい行政手法の

検討が必要であるとし、公会計整備に取り組む姿勢を示した。

ii) 公会計制度見直しに向けた体制整備と基本的考え方

公会計制度見直しのための体制整備も進む。2002年11月には、財務相の諮問機関である財政制度審議会の法制・公会計制度部会の下に、公会計基本小委員会が設置された。そして、翌年1月には、財務省主計局に新たに公会計室が立ち上げられた。これにより、国の貸借対照表や特殊法人等の行政コスト計算書の作成、特別会計の新たな財務書類の作成など、個別に行われていた議論（後述）が、統合的に推進される体制が整ったのである。

公会計基本小委員会が最初に取り組んだのは、公会計の目的、意義、範囲、開示すべき情報など基本項目の検討である。これは2003年6月に「公会計に関する基本的な考え方」[2]（以下「基本的な考え方」）に取りまとめられ、それ以降の公会計整備のロードマップとなった。「基本的な考え方」では、公会計の目的、意義に関して、予算・決算書類と財務報告を分類した上で、その役割を論じている。すなわち予算・決算が、主に議会による財政活動の民主的統制の機能を果たすのに対し、財務報告としての財務書類は、「情報開示と説明責任の履行」及び「財政活動の効率化・最適化」という機能を果たすものであると位置づけたのである。そして、国の財務報告の範囲については、一般会計、特別会計、特殊法人、認可法人及び独立行政法人に加え、郵政公社や国立大学法人等も含むものとした。開示すべき情報については、①フロー情報、ストック情報等の財務情報の類型、②省庁別財務書類の作成、③個別事業、施策、政策にかかわる財務情

---

[2] 公会計に関する基本的な考え方に関しては、同時期、日本公認会計士協会も公会計フレームワーク・プロジェクト・チームを立ち上げ、2003年3月に討議資料として「公会計概念フレームワーク」を公表している。ここでは、公会計の目的や対象に加え、利用者や財務諸表の測定方法などに関する基礎概念が体系的に示された。

報、④国全体の財政状況の開示について検討する必要があるとした。

「基本的な考え方」を踏まえ、公会計制度の整備は加速する。2003年6月には「新たな特別会計財務書類の作成基準」が、2004年6月には「省庁別財務書類の作成基準」が取りまとめられ、2005年9月には、一般会計と特別会計を合わせた、「国の財務書類」が作成、公表された。そして、2006年6月に財政制度審議会は「公会計整備の一層の推進に向けて〜中間とりまとめ〜」を発表する。ここでは国の財務書類整備の進捗を報告するとともに、次の課題も示された。具体的には、今後の検討課題として、①財務書類の一層の活用、②特別会計に関する情報開示の在り方、③地方における取組との連携、④国際的な公会計基準との関係の四点が提示された。これを受けた検討状況を含め、次節では、公会計制度の整備に係る主な取組について解説する。

(2) 公会計制度整備への取組

i) 国の貸借対照表の作成

国の公会計整備にかかわる取組は**図表6-2**の通りである。ここでは国の貸借対照表の作成、独立行政法人の会計基準、特別会計財務書類作成基準、省庁別財務書類の作成、政策別コスト情報の把握と開示につき解説する。

公会計制度の整備が、2002年以降、統合的に進められたことは前述の通りであるが、それ以前の重要な取組として、国の貸借対照表の作成、独立行政法人会計基準、および特別会計財務書類作成基準のとりまとめを挙げることができる。なかでも、2000年10月の「国の貸借対照表作成の基本的考え方」の公表は、国の財務書類作成に向けた最初の具体的な取組として特筆される。ここでは、国全体の財政事情を国民にわかりやすく説明するためには、一般会計、特別会計を包括した企業会計の手法を用いた財務書類作成が必要であるとの考えのもと、国の特性を鑑みた国の貸借対照

第2部　日本における公共経営と公会計改革

	国の公会計整備の主な動き			
		独立行政法人／特殊法人等	特別会計	省庁別財務書類／政策別コスト情報
1999年2月	「日本経済再生への戦略」			
2000年2月		「独立行政法人会計基準」（以下独法基準）及び「独立行政法人会計基準注解」（以下注解）設定		
2000年10月	「国の貸借対照表作成の基本的考え方」			
2000年12月	「行政改革大綱」			
2001年6月	「今後の経済財政運営及び経済社会の構造改革に関する基本方針」	「特殊法人等に係る民間企業と同様の会計処理による財務諸表の作成と行政コストの開示について」		
2002年7月		「『独立行政法人会計基準』の改訂について」		
2002年10月		独立行政法人会計基準の見直しに関する中間論点整理		
2002年11月	財政制度等審議会が「公会計基本小委員会」の設置を決定			
2003年1月	財務省主計局に「公会計室」を設置			
2003年3月		「独法基準」及び「注解」改訂		
2003年6月	「公会計に関する基本的な考え方」		「新たな特別会計財務書類の作成基準」	
2003年7月		「独立行政法人に対する会計監査人の監査に係る報告書」（以下「独法監査」）		
2003年12月				「省庁別財務書類の試作基準について」
2004年6月				「省庁別財務書類の作成基準」（以下「省庁別書類作成」）
2005年6月		「独法基準」及び「注解」改訂		
2006年6月	「公会計整備の一層の推進に向けて～中間とりまとめ～」			
2006年12月				「省庁別書類作成」一部改定（公的年金預り金等）
2007年6月				「一層の活用に向けたコスト情報の開示の在り方について」
2007年11月		「独法基準」及び「注解」改訂「特殊法人等会計処理基準」及び「特殊法人等に係る行政コスト計算書作成指針」の改定	「特別会計に関する法律」施行	「省庁別書類作成」一部改定（政府出資金等）
2010年3月		「独法基準」及び「注解」改訂		
2010年7月				「政策別コスト情報の把握と開示について」
2010年10月		「独法基準」及び「注解」改訂		
2011年2月				「省庁別書類作成」一部改定（公債関連情報）
2011年6月		「独法基準」及び「注解」改訂		
2011年10月				「省庁別書類作成」一部改定（国有財産の評価関係）
2012年3月				「公債に係る利払費の政策別コスト情報への表示について」
2012年3月		「独法監査」改定		

図表6-2：国の公会計整備の主な取組

表作成方法が提示された。同報告は会計学、会計実務、財政学の専門家等による私的勉強会「財政事情の説明手法に関する勉強会」によるものであり、報告は政府の公式文書ではないが、財務省はこれをもとに98年度〜02年度の5か年分の貸借対照表を作成、公表しており、後の公会計整備に影響を与えた。

ii) 独立行政法人の会計基準

独立行政法人は中央省庁改革の過程で新たに設立された。独立行政法人には事業の弾力的な運営が認められる一方、ディスクロージャーの徹底、経営の目標管理に関する外部評価など、経営の透明性、効率性が求められることとなった。これに対応して2000年2月、独立行政法人会計基準研究会（総務庁主催）により策定されたのが、「独立行政法人会計基準」（以下「独法会計基準」）及び「独立行政法人会計基準注解」（以下「独法注解」）である。同基準は原則として企業会計原則によるものであるが、営利企業との違い、すなわち、①利益の獲得を目的とせず国の財源措置に頼る点、②政策の実施主体であり独自の判断では意思決定が完結しない点、③利益の獲得を目的として出資する資本主がいない点、④税金を財源とすることから厳格さが要求される点に留意している。「独法会計基準」は、特殊法人等の独立行政法人化による業務多角化にともない、2003年3月に大幅に改定された。同基準については、総務省が開催している独立行政法人会計基準委員会と、財政制度等審議会が共同のワーキング・チームを立ち上げ、その後も企業会計基準の見直し等に応じて改定が重ねられている。

iii) 特別会計財務書類作成基準の制定

特別会計に関しては、一部について企業会計的手法による財務書類の作成が行われていたが、透明性の確保や説明責任向上の観点から、全ての

特別会計を対象とした統一基準に関する議論が2001年10月に開始された。そして、2003年6月30日に財政制度等審議会により「新たな特別会計財務書類について」が公表され、「新たな特別会計財務書類の作成基準」が示された。基準策定にあたっては、国有財産の計上価額、公的年金等の負債計上方法などが議論され、貸借対照表、業務費用・財源計算書、区分別収支計算書及びこれらに関係する事項についての付属明細書の基準が示された。この後も特別会計に係わる会計基準の見直しは続くが、それは次項の省庁別財務書類の会計基準の議論の一部として引き継がれている。

ⅳ) 省庁別財務書類の作成

特別会計、独立行政法人の財務書類の見直しが進んだものの、行政のアカウンタビリティ向上のためには、一般会計を含む、より包括的な財務書類作成が必要であるとの認識から、省庁別財務書類作成の検討が進められることとなった。財政制度等審議会はこの検討結果を2004年6月に「省庁別財務書類の作成について」で取りまとめ、一般会計を含む新たな国の会計基準、すなわち「省庁別財務書類の作成基準」、「一般会計省庁別財務書類の作成基準」、「特別会計財務書類の作成基準」が示された。

省庁別財務書類は、予算執行の単位であり、行政評価の主体である省庁に着目して作成されるが、個別事業・施策の評価に用いるだけでなく、合算により国の財務書類としても利用可能となるものである。同基準策定にあたっての論点の一つは、各省庁の会計主体性、省庁間での財源の調整の問題であった。各省庁の経費は主管歳入ではなく、租税収入であり、省庁単位の収支は均衡しない。そのため、一般会計の省庁別財務書類作成においては、財務省計上の租税収入等を各省庁に配分するなど、各省庁を会計主体と擬制することとした。しかしながら、公債の償還等については、各省庁の所掌する業務ではなく、また、各省庁で償還財源を確保することができない。また、過去に発行した公債については大幅な仮定計算による配

分とならざるを得ないことから、各省庁の貸借対照表の負債には配分せず、参考情報として、各省庁において開示するに留めることとなった。省庁別財務書類は、その後も見直しが加えられている。2006年12月には公的年金預かり金等の取り扱いが、2007年11月には政府出資金の取り扱いが、2011年2月には公債残高の各省庁への配分方法が、そして同年10月には国有財産の評価関係の見直しがなされている。

V) 政策別コスト情報の把握と開示

　省庁別財務書類の整備をもって、国の財務書類の整備は大きく進展した。しかしながら、整備された書類を活用するためには、なお課題が多い。国の財務報告の利用目的の一つに財政状況の評価があるが、そのためには予算のマネジメント・サイクルにおいて、政策評価と、財務情報の連携が強化される必要がある。これに関しては、2008年度より予算書・決算書の項・事項を政策評価の単位と原則対応させるなどの措置がとられているが、人件費等が共通経費として計上されており、政策別フルコストの把握には至っていない。そのため財政制度等審議会は、2007年に「一層の活用に向けたコスト情報の開示の在り方について」を取りまとめ、政策評価や予算の効率化を図るための活用に軸足を置いた新たなコスト情報開示が必要であるとした。そして基本的考え方として、新たなコスト情報は参考情報として省庁別財務書類とは別の形で開示すること、政策が一般会計と特別会計にまたがる場合は合算した情報の開示を検討すること、発生主義に基づくコスト情報の有用性などを検討すること等の課題が示された。さらに財政制度等審議会法制・公会計部会は、2010年7月に「政策別コスト情報の把握と開示について」をまとめ、政策別コスト情報の作成単位、共通経費の取り扱い、資産の取り扱い、複数の主体が関与する政策・事業の取り扱い、既存の情報との整合性についての整理がなされた。

　以上、公会計制度の整備にむけた具体的な取組を概観したが、整備され

た財務書類の活用に向けては課題も多い。予算のマネジメント・サイクルへの活用に向けては、政策別コスト情報の把握に向けた取組がなされているものの、財務書類の作成・公表に時間を要しており、財務報告の時期は翌年度予算編成後というのが現状である。また、国民へのわかりやすい説明、地方の公会計制度との連携、国際的な公会計基準やマクロ統計との関係などについては、まだほとんど議論がなされていない段階であり、今後の検討課題である。

参考文献

- 会田一雄他『国の貸借対照表作成の基本的考え方』（2000）
- 大塚宗春・黒川行治編著『政府と非営利組織の会計』（2012）
- 山本清編著『「政府会計」改革のビジョンと戦略　会計なき予算、予算なき会計は虚妄』（2006）
- 東田親司『現代行政と行政改革　改革の要点と運用の実際』（2004）
- 閣議決定『行政改革大綱』（2000）
- 閣議決定『今後の経済財政運営及び経済社会の構造改革に関する基本方針』（2001）
- 経済戦略会議『日本経済再生への戦略』（1999）
- 財政制度等審議会『新たな特別会計財務書類について』（2003）
- 財政制度等審議会『一層の活用に向けたコスト情報の開示の在り方について』（2007）
- 財政制度等審議会『公会計に関する基本的な考え方』（2003）
- 財政制度等審議会『公会計整備の一層の推進に向けて～中間取りまとめ』（2006）
- 財政制度等審議会『省庁別財務書類の作成について』（2004）
- 財政制度等審議会『政策別コスト情報の把握と開示について』（2010）
- 財政制度等審議会『特殊法人等に係る民間企業と同様の会計処理による財務諸表の作成と行政コストの開示について』（2001）
- 日本公認会計士協会　討議資料『公会計概念フレームワーク　公共部門の財務情報の作成・報告及び予算編成にかかる概念的基礎』（2003）

3 地方の課題：
地方分権改革の推進と求められる行財政改革

(1) 地方分権改革と地方自治体の現状

地方分権改革[1]の本格始動は、1993年6月の「地方分権の推進に関する決議」を起点とする。1995年5月の「地方分権推進法」、1997年7月の「地方分権一括法」[2]の成立を経て、第一次分権改革が推進され、1888（明治21）年に制定された市町村制以来存続した機関委任事務制度が全面廃止となり、国と地方が「上下・主従」から「対等・協力」の関係へと移行した。この大きな成果を引き継いだのが小泉政権である。

小泉政権は、バブル崩壊後の「経済の回復力低下と財政バランスの急速な悪化」を是正するため「聖域なき構造改革」の一環として分権改革を推進した。「三位一体の改革」では、2004年から2006年にかけて国庫補助負担金改革で約4.7兆円、地方交付税改革で地方交付税及び臨時財政対策債を合わせた約5.1兆円が削減される一方、約3兆円が国から地方へ税源移譲され、財政面での成果をもたらした[3]。また、行財政基盤強化のための市町村合併促進、民間委託やPFIの活用、調達の改善、電子政府等の推進、コスト管理による無駄の排除や特定財源の見直し等、歳出削減に向けた積極的な取り組みを行った。

この改革を支えたのは、2006年1月から約半年、総務省により開催された「地方分権21世紀ビジョン懇談会」（以下ビジョン懇）である。7月3日の「地方分権21世紀ビジョン懇談会報告書」では、「分権改革の加速」、

---

[1] 地方分権改革は、日本国憲法第92条における「地方自治の本旨」及び同時施行された地方自治法における国と地方公共団体間の基本的関係の確立を礎として推進されている。
[2] 正式名称は「地方分権の推進を図るための関係法律の整備等に関する法律」（1999年（平成11年）法律第87号）で施行は2000年4月。
[3] この改革後、税源が大都市に偏る税の偏在性の問題が生じることとなる。

「グローバル都市間競争時代の到来」、「未曾有の財政赤字が示す国への依存の限界」という問題意識を挙げ、世界で最も急激な少子高齢化と人口減少やグローバル都市間競争に直面する中、地域の生き残りをかけた、「国から地方へ」の改革の加速による真の地方分権の継続が重要とした。また、歳出改革の断行により、「国の地方への過剰関与と、地方の国への依存を止め、地方が自由と責任に基づいて自立」し、住民にとって効率的かつ持続可能な財政システムを作ることが必要であるとした。

i) 地方制度の現状の問題点

21世紀ビジョン懇は地方制度の現状の問題点を次のように指摘している。すなわち、①行き過ぎた国の関与と地方の財政的依存、②地方の累積債務の増大、③人口が減少する中での持続性の劣化、④地域独自の魅力形成が不十分、⑤住民参加、住民による監視(ガバナンス)が不十分、⑥不透明な地方行財政の実態、を指摘し、対応の方向性を、①自由と責任、②小さな政府、③個性の競争、④住民によるガバナンス、⑤情報開示の徹底という「分権5原則」にまとめ、「改革を推進し、10年間の移行期間を経て、最終的な姿を実現すべき」とした。また、各論で示した改革、すなわち①新分権一括法の提出、②地方債の完全自由化、③いわゆる"再生型破綻法制"の整備、④税源配分の見直し、⑤交付税改革(新型交付税の導入、不交付団体の拡大等)、⑥国庫補助負担金改革、⑦地方の歳出削減、歳入面での検討、⑧地方行革(情報開示の徹底と住民監視(ガバナンス)の強化、地方公会計改革(地方の資産・債務管理改革)、地方公務員総人件費改革、地方における市場化テストの促進)、⑨道州制、市町村合併、都道府県と市町村の関係の見直しを、「新三位一体改革」として今年度[4]より開始すべきとした。

---

[4] 2006年度を指す。

ii) 基本方針2006

　経済・財政運営と構造改革を支える「基本方針2006」[5]（2006年7月7日閣議決定）では、①成長力・競争力強化、②財政健全化、③安全・安心で柔軟かつ多様な社会の実現を優先課題とし、地域活性化戦略には、地域経営・中小企業・都市再生・中心市街地等の活性化を含め、財政再建化では、時間軸と目標を示し継続的な取り組みを行うとした[6]。適切な公債管理政策の推進とともに、「財政健全化をフロー、ストック両面から的確に管理・評価するための公会計制度を計画的に導入・整備する」とし、地方には、「国の財務書類に準拠した公会計モデルの導入に向けて、団体規模に応じ、従来型モデルも活用しつつ、計画的に整備を進めるよう要請する」とし、資産・債務の管理における公会計の整備が明示された。この背景には、地方の自主性を高める観点から2月に施行された、地方債の発行に関する許可制度から協議制度への移行や、6月の「夕張ショック」（*column* 参照）がある。北海道夕張市において、不十分な情報開示が不適正な会計をもたらし、巨額の赤字が露呈した事実は、改革の方向性を加速するという意味で教訓事例となった反面、納税者である夕張市の住民にとって、あまりにも大きい代償であった。財政の早期健全化に向けた仕組み作りが加速し、2007年6月22日財政健全化法[7]が成立している。

---

[5] 小泉政権以降の自由民主党政権の分権改革は、2001年から2009年までの「基本方針」に基づいて推進された。「基本方針2001」は「骨太の方針」ともいう。「骨太の方針」の呼び名は2007年まで続いた。尚、2006年までの基本方針の正式名称は「経済財政運営と構造改革に関する基本方針」、2007年以降は「経済財政改革の基本方針」に変更された。基本方針は、毎年6月に経済財政諮問会議が答申し閣議決定を行う。2009年9月に発足した民主党政権下の鳩山由紀夫政権は、国家戦略室設置を機に経済財政諮問会議の開催を止め、代りに2011年10月野田佳彦政権が開催した国家戦略会議により経済・財政政策の方針が示されることとなった。

[6] 小泉政権の財政健全化（2001～2006年度）を第一期、基礎的財政収支黒字化の確実な実現を第二期（～2010年代初頭）、持続可能な財政を目指し、債務残高対GDP比の発散を止め、安定的引き下げへ向かう時期を第三期（～2010年代半ば）とした。第二期・第三期では、大胆な資産圧縮とバランスシートの縮小も含まれている。

[7] 正式名称は「地方公共団体の財政の健全化に関する法律」（2007年（平成19年）6月22日法律第94号）。

column 夕張破綻と財政健全化法

　2006年6月、北海道夕張市は、353億円という巨額の赤字を公表した。「夕張ショック」と称される事態の発覚は、北海道新聞社の「夕張市、一時借入金300億円、負債総額500億円」をヘッドラインに含む報道がきっかけとなった。市議会での議決を経た財政再建計画に対し、総務大臣の同意を得た夕張市は、2007年3月地方財政再建促進特別措置法に基づき、準用財政再建団体に指定され、事実上財政破綻した。1992年2月の福岡県赤池町以来15年ぶりのことである。

　夕張市の財政破綻は、エネルギー政策の転換や大事故に伴う炭鉱の閉鎖が、そもそもの原因とされる。人口減少で税収が減少する一方、閉山に伴う処理対策費用も多額に上った。地域の活性化を目指し観光による増収を図るが、第三セクターや公社等を活用した施設整備等に対する過度の投資で、地方債残高が膨らみ財政が悪化した。そこで夕張市は、2001年度から、年度をまたがる出納整理期間と一時借入金を乱用し、一般会計と特別会計間の貸付・償還を繰り返すという不適正な会計処理を施すことで、財政運営を行った。債務は累増し、起債制限比率が20％を超え、一般単独事業債等について起債制限を受けたが、その後も不適正な財政運営を続けたことで、最終的に巨額の赤字を計上するに至った。北海道の調査（2006年9月11日公表）では、2005年度決算ベースの実質赤字額が257.3億円、土地開発公社と第三セクターに対する債務保証と損失補償の合計額が124.7億円であり、「不適正な財務処理手法により赤字の実態を表面化せずに拡大させたこと」が膨大な赤字の最大要因とした。

　2009年4月財政健全化法の全面施行後、2010年3月夕張市は、財政再生計画に対する総務大臣の同意を受け、国の関与の下、現在も財政再生団体として財政再建過程にある。

　財政健全化法は、地方が財政状況を統一的な指標である健全化判断比率で示し、これを国が財政再生基準の前段階として設けた早期健全化基準と比較することで、財政悪化の早期発見と「自主的な改善努力に

よる財政の早期健全化を促す」ものである。健全化判断比率は、実質赤字比率、連結実質赤字比率、実質公債費比率、将来負担比率、資金不足比率で構成される。第三セクター・公社等まで含めたストック指標の採用は、比較可能性のある連結財務書類の未完を補完する役割を担っている。

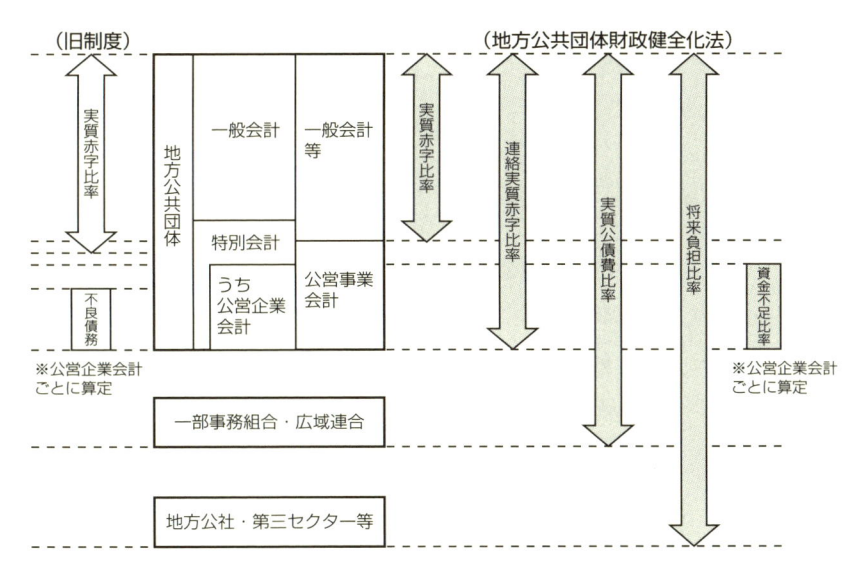

図表6-3　健全化判断比率等の対象について

iii）基本方針2007

　安倍政権の「基本方針2007」（2007年6月19日閣議決定）では、「成長力強化と財政健全化を車の両輪として一体的に改革を進めていくこと」を課題とした。成長力強化では、成長力加速プログラム、グローバル化改革、

労働市場改革や地域活性化、また、財政システムの構築では、歳出・歳入一体改革の実現、税制改革の基本哲学、予算制度改革、公務員制度改革、独立行政法人等の改革、資産債務改革、市場化テストの推進と地方分権改革が含まれる。特別会計改革や公会計改革を資産債務改革と並行して進めて相乗効果を得るとした。国と地方の関係の大胆な見直しや「地方が主役の国づくり」を目指し、分権改革の総仕上げとして道州制実現のための検討を加速するとした。

iv) 基本方針2008

福田政権の「基本方針2008」（2008年6月27日閣議決定）では、成長力の強化として、経済成長戦略と地域活性化（地方再生、農林水産業、中小企業を含む）を挙げた。地方再生では、「地方再生戦略」（2008年1月29日改定）等に基づき「地方の創意工夫をいかした自主的な取組を、政府一体となって強力に後押しするとともにPDCAを着実に実施する」としている。基本方針の最終年となる麻生政権の「基本方針2009」（2009年6月23日閣議決定）においても「地方再生戦略」（2008年12月19日）等に基づく地域の人材力強化、地域力の創造等への取組みや、財源の見直し、直轄事業の検討、情報開示の充実、道州制基本法（仮称）制定に向けた検討機関の設置等が示された。財政健全化目標として国・地方の債務残高対GDP比を位置づけ、2010年代半ばにかけて安定化、2020年代初めには安定的な引き下げ、今後10年以内の国・地方の基礎的財政収支黒字化も目指すとしたが、時間軸の設定において、「基本方針2006」から大幅に修正するものとなった。

column 地方の財政依存
～地方交付税措置と臨時財政対策債

　地方による国への財政依存が続いている。2010年度に日本で徴収された租税総額は78.0兆円、国税が56.0％（43.7兆円）、地方税は44.0％（34.3兆円）である。地方の歳入合計97.5兆円の内訳は、自主財源[8]の柱となるこの地方税が全体の35.2％を占めており、国からの財政移転である地方交付税、地方特例交付金等、地方譲与税、国庫支出金（交通安全対策特別交付金等を含む）は、34.8％（34.0兆円）を占めている。地方債発行は13.0兆円で地方債依存度は13.3％、その他が16.7％（16.3兆円）である。同年度普通交付税不交付団体数[9]は、都道府県1（東京都）、市町村74、合計75団体である。

　地方交付税措置は、国から地方への財源保障機能と税財源の偏在性を調整する財源調整機能を果たすものであり、国の地方に対する信用補完を意味する。しかし、国債残高の累積を避けるため、地方による臨時財政対策債（以下、「臨財債」）発行で、地方の財源不足に対処することとした[10]。2001年度から当初3年間の措置として発行を開始したが、現在2013年度までの発行が可能である。発行可能額は国が定め、実際の発行額は各地方が判断する。地方財政法第5条の特例として発行される特例地方債（赤字地方債）の位置付けであるが、元利償還金は、翌年度以降の基準財政需要額に全額算入され、地方交付税により地方へ資金補填される。地方は、後年度の国による資金補填を前提として発行しているが、地方債の発行には地方の責任が問われるともされる。財政規律に対する国と地方間の責任の所在が曖昧となり、増発による債務残高の

---

[8] 自主財源とは、「地方税、分担金及び負担金、使用料、手数料など地方公共団体の意思で、ある程度収入額を増減できる自前の財源を言う」総務省
[9] 特別区は含まない。「地方財政白書平成24年版」総務省
[10] 2000年以前は地方交付税特別会計における国債の発行により対処してきた。しかし、国債額が累積されたことを問題視して2001年に制度改正が行われた。国の地方交付税特別会計を廃止し、代りに地方が特例地方債を発行することとした。
[11] 「地方財政白書『第21図地方債現在高の目的別構成比及び借入先別構成比の推移』」総務省

累増が懸念される。

図表6-4[11)]は、地方債現在高の推移を表している。一般単独事業債の構成比率は、2010年度末には31.0%まで逓減し、財政規律の改善に向けた取り組みの成果がみてとれる一方、臨財債残高の増加が著しい。国の財源不足が、地方の債務残高の急激な伸びという形で表面化している。さらに、団塊世代の退職等により、退職手当債の累増を予見する団体もある。

国と地方を合わせた債務残高は、対GDP比で200%を超え、国と地方を合わせたプライマリー・バランスも、国に準じて赤字基調である。地方が安定的に財源を確保していくためには、公会計改革を通した資産・債務管理の徹底等、地方の自立的な行財政運営に向けた取り組みが重要である。

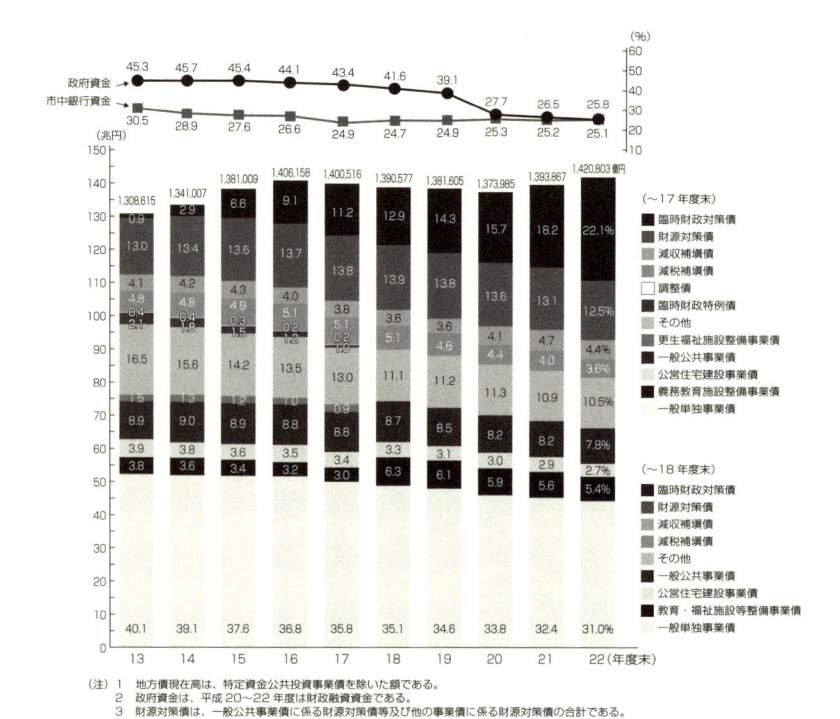

(注) 1 地方債現在高は、特定資金公共投資事業債を除いた額である。
2 政府資金は、平成20～22年度は財政融資資金である。
3 財源対策債は、一般公共事業債に係る財源対策債等及び他の事業債に係る財源対策債の合計である。

図表6-4　地方債現在高の目的別構成比及び借入先別構成比の推移

v）民主党への政権交代後

　2009年9月民主党は政権交代後、改革の名称を「地方分権」から「地域主権」改革[12]と変更し、地域主権戦略会議の下で改革を推進しているが、その内容は、2007年4月1日施行の「地方分権改革推進法」[13]により発足した地方分権改革委員会の勧告を受け継いだ。委員会は、改革は道半ばであり、「地方が主役の国づくり」を行なう上で、「中央政府と対等・協力の関係にある地方政府の確立」を目指し、「自治行政権、自治財政権、自治立法権を有する完全自治体を目指す取組み」に向けた「さらなる体制の充実強化が必要」とした。4次にわたる勧告には、「財政規律の確保」として公会計改革が含まれた。「自らの財政運営の透明性と説明責任と情報開示の徹底を果たす」ことが必要とし、「政府による一層の改革の方向性を国民に提示すべきである」とした。コスト意識の徹底や、地方自らによる経営のスリム化・効率化を通した財政規律の向上に向けた取り組みの必要性を示唆するとともに、地方議会の財政に対するチェック機能や監査委員の機能の充実、外部監査機能の積極的な活用も求めている。2009年12月15日「地方分権改革推進計画」の閣議決定を経て、2011年4月28日に地域主権改革関連3法、8月26日には第2次一括法が成立[14]し、地方による

---

[12]　「『地域主権改革』の定義は、『日本国憲法の理念の下に、住民に身近な行政は、地方公共団体が自主的かつ総合的に広く担うようにするとともに、地域住民が自らの判断と責任において地域の諸課題に取り組むことができるようにするための改革』とし、また『地域主権』は、この改革の根底をなす理念として掲げているものであり、日本国憲法が定める『地方自治の本旨』や、国と地方の役割分担に係る『補完性の原則』の考え方と相まって、『国民主権』の内容を豊かにする方向性を示すものである。」（「地域主権戦略大綱」（2010年6月22日閣議決定））

[13]　2006年12月成立、2010年3月31日失効。

[14]　3法とは、①「義務付け・枠付けの見直しと条例制定権の拡大（41法案）」と「内閣府の所掌事務の追加」の整備を一括して行なった「地域の自主性及び自立性を高めるための改革の推進を図るための関係法律の整備に関する法律」（2011年（平成23年）法律第37号）（第1次一括法）、②「国と地方の協議の場に関する法律」（2011年（平成23年）法律第38号）、③「地方自治法の一部を改正する法律」（2011年（平成23年）法律第35号）を指す。2011年8月26日に成立した第2次一括法（「地域の自主性及び自立性を高めるための改革の推進を図るための関係法律の整備に関する法律」（2011年（平成23年）法律第105号））は、地域主権戦略大

事務に関する自主的な判断を可能とする義務付け・枠付けの見直しや基礎自治体への事務権限の移譲、国と地方の協議の場に関する改革に向けた法整備がなされている。

4 行政改革大綱、集中改革プラン、地方行革新指針等による行政改革の方向性（人件費改革）、公共サービス改革、地方公会計改革

i) 行政改革大綱

公会計改革を含む地方の行政システムの検討は、行政改革の推進により取り組まれている。「行政改革大綱」（2000年12月1日閣議決定、2006年6月16日一部改正）は、2001年からの中央省庁等改革の推進に当たり、今後の行政改革の重要課題と改革の方向性を提示したものである[15]。内閣に行政改革推進本部を設置し、国・地方を通じた行政の在り方について、2005年までを1つの目途として、集中的・計画的に改革を実施することとした。

ii) 集中改革プラン

2005年3月29日に総務省は、「行政改革大綱」及び「今後の行政改革の方針」（2004年12月24日閣議決定）に基づき「地方公共団体における行

綱（2010年6月22日閣議決定）を踏まえた関係法律であり、「基礎自治体への権限委譲（47法案）（都道府県の権限の市町村への移譲）」と「義務付け・枠付けの見直しと条例制定権の拡大（160法案）」の整備を一括して行なったものである。

[15] 今後の重要課題として「①新たな時代にふさわしい行政組織・制度への転換を目指す観点からの特殊法人等の改革、公務員制度改革、行政評価システムの導入、公会計の見直し・改善、公益法人に対する行政の関与の在り方の改革、②国と地方の関係を見直し、地方公共団体の自主性・自立性を高める観点からの更なる地方分権の推進、③行政と民間との新たな関係を構築する観点からの規制改革、④その他、電子政府の実現を始め、省庁再編に伴う運営・施策の融合化、行政の組織・事務の減量・効率化等を推進する」を挙げている。

政改革の推進のための新たな指針」(新地方行革指針) を作成し[16]、「集中改革プラン」を提示した。「集中改革プラン」とは、概ね2009年度までに、地方が、行政改革を集中的に実施するための具体的な取り組みについて、住民に分かりやすく明示する計画のことで、各都道府県・指定都市は総務省に、市区町村は都道府県に対し提出し、総務省と都道府県にその公表が要請されたものである[17]。

具体的には、①事務・事業の再編・整理、廃止・統合、②民間委託等の推進 (指定管理者制度の活用を含む)、③定員管理の適正化、④手当の総点検を始めとする給与の適正化 (給料表の運用、退職手当、特殊勤務手当等諸手当の見直し等)、⑤市町村への権限移譲、⑥出先機関の見直し、⑦第三セクターの見直し、⑧経費節減等の財政効果、⑨その他が含まれる。「可能な限り目標の数値化や具体的かつ住民にわかりやすい指標を用いること」とし、定員管理の適正化計画については、明確な数値目標を掲げるなど、一部の団体における不適正な手当の支給などに対する国民からの厳しい批判等を踏まえて改革の方向性を示した。行政改革大綱及び集中改革プランの見直し・策定では、住民等の意見を反映する仕組みを整え、住民等に分かりやすい形で公表を行う等助言している。

iii) 地方行革新指針

総務省による「地方行革新指針」[18] は、①総人件費改革、②公共サービス改革、③地方公会計改革 (地方の資産・債務管理改革) を三つの柱と

---

16) 地方公共団体宛、総務事務次官通知。

17) 集中改革プランの取組状況及び集中改革プランの策定・公表状況、集中改革プラン後の行政改革の取組状況等は、総務省や都道府県のホームページ等で確認できる。

18) 正式名称は「地方公共団体における行政改革の更なる推進のための指針」(2006年8月31日 地方公共団体宛、総務事務次官通知)。「行政改革推進法」、「公共サービス改革法」(「競争の導入による公共サービスの改革に関する法律」) (2006年 (平成18年) 法律第51号)、「基本方針2006」及び2005年の「新地方行革指針」を踏まえて作成された。

し、自治体間の比較・評価を容易に行なえる情報公開のルール作成と住民監視の強化を通して、地方行革の推進を図るものである。給与情報等公表システムの充実、団体間で比較可能な財政情報の開示の一層の推進、市場化テストの実施過程・実施実績の公表、監査委員への外部の人材の積極的登用・外部監査の活用が含まれる。

　総人件費改革では、地方公務員の職員数の見直しと一層の純減、地方公務員の給与改革の推進（地域民間給与の反映、一層の給与適正化）、第三セクター等の人件費抑制に向けた取組等を含むものとする。公共サービス改革では、事業仕分けを踏まえた公共サービスの見直しを実施し、必要のないものについては、廃止、民営化、民間譲渡、民間委託等の措置を行うとした。地方公社、地方独立行政法人、第三セクターが実施している地方の公共サービスも含めて市場化テストを積極的に活用することや、市場化テストの実施においては、サービスの維持向上に関する成果指標や経費削減などに関し、可能な限り客観的な数値目標を設定するものとした。民間事業者等からの積極的な意見聴取等も含めている。

　地方公会計改革においては、公会計の整備と資産債務管理の推進を挙げている。資産・債務管理では、財務書類の作成・活用等を通じて資産・債務に関する情報開示と適正な管理を一層進めること、国の資産・債務改革も参考にし、未利用財産の売却促進や資産の有効活用等を内容とする等、具体的な内容を含めて資産・債務改革の方向性を示している。また、公会計の整備については、行政改革推進法第62条第2項及び、「基本方針2006」、「新地方公会計制度研究会報告書」を踏まえて、「原則として国の作成基準に準拠し、発生主義の活用及び複式簿記の考え方の導入を図り、貸借対照表、行政コスト計算書、資金収支計算書、純資産変動計算書の4表の整備を標準形とし、連結ベースで「地方公共団体財務書類作成にかかる基準モデル」（基準モデル）又は「地方公共団体財務書類作成にかかる総務省方式改訂モデル」（総務省方式改訂モデル）を活用して、公会計の整備に取り組む」こととしている。さらに「取り組みが進んでいる団

体、都道府県、人口3万人以上の都市は、3年後までに、取り組みが進んでいない団体、町村、人口3万人未満の都市は、5年後までに、4表の整備又は4表作成に必要な情報の開示に取り組む」よう要請している。

iv）その後

2007年10月17日「公会計の整備推進について（通知）」[19]では、財務書類の作成は、「新地方公会計制度研究会報告書」（2006年5月18日及び2007年10月17日公表）を活用し推進に取り組むこととし、また、財政健全化法の施行も踏まえ、早期に作成に着手し、2008年度決算に基づき2009年度に財務書類を公表することが重要とした。2008年6月には「地方公会計の整備促進に関するワーキンググループ」が発足し、中小規模団体による円滑な財務書類の整備推進のため、作成上の課題に対する解決方策や連結財務書類作成のより詳細な手順等を検討している。2009年には、「新地方公会計モデルにおける資産評価実務手引」や、総務省方式改訂モデル向け「作業用ワークシート」、「新地方公会計モデルにおける連結財務書類作成手引」、2010年3月には、「地方公共団体における財務書類の活用と公表について」の提供を行い、実務的な方向性を示している。

5 公会計改革、マネジメント改革（行政評価等）の必要性：財務書類の作成状況、行政評価の実施状況調査による現状把握

（1）地方公共団体の財務書類の作成状況等

地方公共団体（都道府県、市町村、特別区）による財務書類の取り組み

---

19) 地方公共団体宛、総務省自治財政局長通知。

状況は、行政改革推進法第62条第2項に基づく総務省の「財務書類の作成状況等調査」で確認できる。

i) 平成22年度版財務書類の作成状況

「地方公共団体の平成22年度版財務書類の作成状況等」(調査日：2012年3月31日、公表日：2012年6月22日)によれば、地方の全1,789団体中、94.5％にあたる1,691団体(内、都道府県47団体、指定都市は全19団体)が、財務書類に着手(作成済もしくは作成中)、また、1,174団体(内、都道府県43団体、指定都市は全19団体)が連結財務書類4表まで着手している。新地方公会計モデル(基準モデルと総務省方式改訂モデルの合計)を採用している1,633団体の内、大半は総務省方式改訂モデルを採用し、

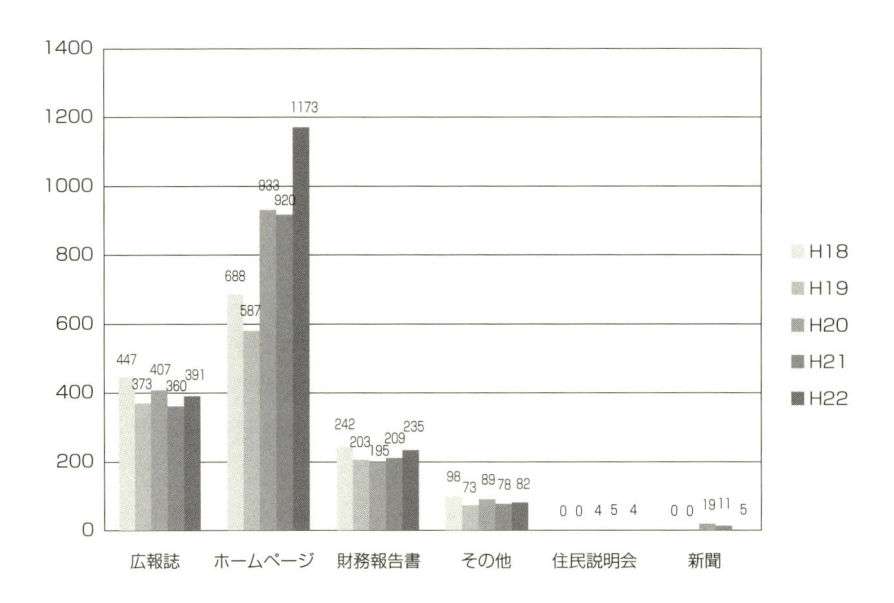

図表6-5 平成18年度から平成22年度に至る「作成済」団体の財務書類の公表(予定)状況
(出典)総務省「地方公共団体の財務書類の作成状況等」平成18年度調査から平成22年度調査(平成24年6月22日)に基づき作成

国との連結を視野に入れた基準モデルは全体の僅か215団体（12.0%）（都道府県では、静岡県、岐阜県、山形県の3団体）である。東京都・大阪府を含むその他モデルは58団体である。2011年度の見込みでは、作成予定団体は全体の98.2%（1,756団体）にまで増加するが、基準モデルは、都道府県4団体を含む246団体と依然として低い。モデルが複数存在し、団体間の比較可能性に大きな課題を残している。

ii）活用状況

活用状況については、作成済1,313団体の内、「財務状況の分析」が最も多く、全体の59.3%（779団体）である。「議会に対する財務状況の説明」や「住民等に対する財務状況の説明」では全体の半数程度、その他7項目

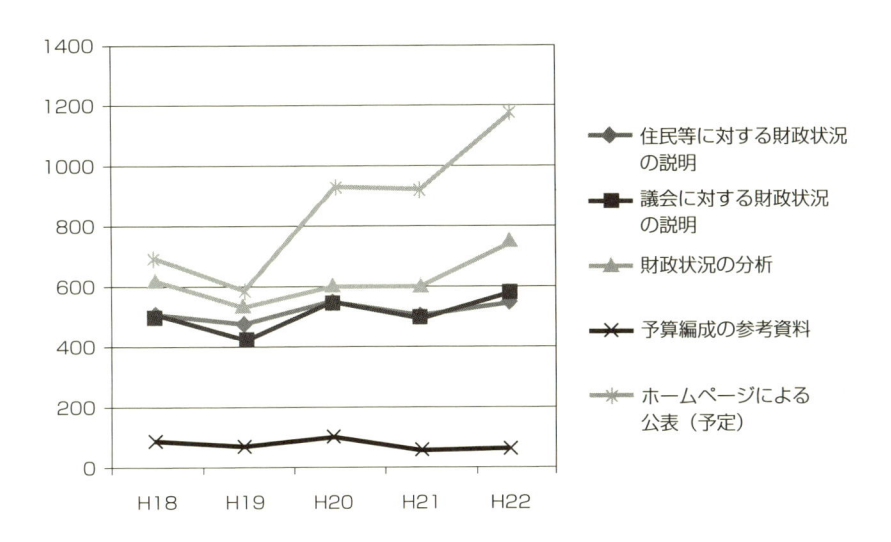

図表6-6　平成18年度から平成22年度に至る「作成済」団体の財務書類の活用状況の推移とホームページによる公表（予定）との対比

（出典）総務省「地方公共団体の財務書類の作成状況等」平成18年度調査から平成22年度調査（平成24年6月22日）に基づき作成

はいずれも10％に至っていない。作成済団体の財務書類の公表（予定）状況では、ホームページによる公表は進展しているが、住民説明会では、ほとんど公表されていない。財務書類が有効に活用されるために、モデルの統一を含む比較可能性の向上や、作成・公表時期の工夫等が課題として挙げられる。

（2）行政評価の実施状況

行政評価の実施状況については、総務省が2002年度より調査を行い、結果をHPで公表している。

i）行政評価の実施状況

「地方公共団体における行政評価の取組状況」（2010年10月1日現在）（2011年3月16日公表[20]）によれば、全1,797団体の内、行政評価導入済み団体は、977団体である（内、都道府県46団体、政令指定都市18団体）。調査を開始した2002年度の305団体から毎年漸増しているものの、全団体数に対する割合は54.4％にとどまる。

ii）評価結果の活用方法

評価結果の活用方法については、「予算要求や査定」「事務事業の見直し」において、いずれも90％以上の活用が進んでいる。「次年度重点施策・方針の策定」は、都道府県が94％と最も高く、市区は75％で最も低い。「総合計画等の進行管理」は都道府県の74％が最も高く、町村の50％が最も低い。「定員管理要求や査定」は都道府県の60％から市区町村の46％の範囲にとどまる。「トップの政策方針の達成状況を図るツール」は、都道

---

[20] この調査は、これ以後最新情報が公表されていない。（2012年8月31日現在）

府県が34%、中核市は14%で、あまり活用されていない。市区町村による一層の導入と活用が望まれる。

参考文献

・稲生信男（2003）『自治体改革と地方債制度──マーケットとの協働』、学陽書房
・亀井孝文論集代表（2011）『公会計小辞典』、ぎょうせい
・神野直彦、上山信一、大住莊四郎、嶋津昭、森田祐司、桜内文城、石原俊彦、福嶋浩彦、磯道真、小林麻理、公会計改革研究会編（2008）『公会計改革』、日本経済新聞出版社
・地域主権改革研究会（2011）「地域主権改革」、小早川光郎監修、国政情報センター
・辻堂雅宣（2010）「夕張市の財政破綻の軌跡と再建の課題」、『自治総研通巻384号2010年10月号』
・西尾勝（2007）「地方分権改革」『行政学叢書5』、東京大学出版会
・西田安範編著（2011）『日本の財政（平成23年版）』、東洋経済

第7章

日本における公共経営と公会計改革の歩み

1 独立行政法人制度

(1) 独立行政法人とは

　独立行政法人とは、国民生活および社会経済の安定等の公共上の見地から確実に実施されることが必要な事務及び事業であって、国が自ら主体になって直接に実施する必要がないもののうち、民間の主体に委ねた場合には必ずしも実施されないおそれがあるものまたは一の主体に独占して行わせることが必要であるものを効率的かつ効果的に行わせることを目的として、独立行政法人通則法及び、個別法の定めるところにより設立された法人のことである（独立行政法人通則法第2条第1項）。

　このような独立行政法人は、平成13年1月の中央省庁等改革の実施に合わせ、先行独法とよばれる国の機関の一部を切り出して設立されたものと、特殊法人等から移行した移行独法などに分類される。

(2) 独立行政法人制度の法体系

　独立行政法人は、通則法及び個別法に定めるところにより設立される法

人（通則法第2条）であり、通則法及び個別法を設立根拠法とする。個別法は、各独立行政法人の目的、業務の範囲、組織、運営その他通則法を補う内容を定め、各独立行政法人を設立し運営するための法律であり、通則法と個別法の関係は、制度の共通ルールである通則法を個別法が補完するものであるといえる。

①「独立行政法人通則法」	③特別な法人についての個別法
②法人ごとの個別法 例：「独立行政法人○○機構法」	例：「国立大学法人法」

図表7-1　通則法と個別法の関係

(3) 独立行政法人制度の特徴

i) 業務の効率性及び質の向上

独立行政法人は、その行う事務及び事業が国民生活及び社会経済の安定等の公共上の見地から確実に実施されることが必要なものであることにかんがみ、適正かつ効率的にその業務を運営するよう努めなければならない（通則法3条1項）旨を定めている。

そこで、独立行政法人は、業務の効率化及び質の向上を図るために、中期的な目標管理と第三者による事後評価、業務・組織全般の定期的見直しを行っている。具体的には、主務大臣は、3年以上5年以下の期間において、各独立行政法人が達成すべき業務運営に関する中期目標を定め、各独立行政法人はこの中期目標に基づき中期計画及び年度計画を策定し、これらの計画に基づき、適正かつ効率的に業務を運営する。そして、毎年度及び中期目標期間の業務実績について第三者機関である独立行政法人の主務省に置かれる独立行政法人評価委員会（以下「府省評価委員会」という。）による一次評価が実施され、加えて総務省の政策評価・独立行政法人評価

委員会による二次評価）が行われる。なお、中期目標期間終了時には、主務大臣による法人の組織・業務全般にわたる見直しが行われる。

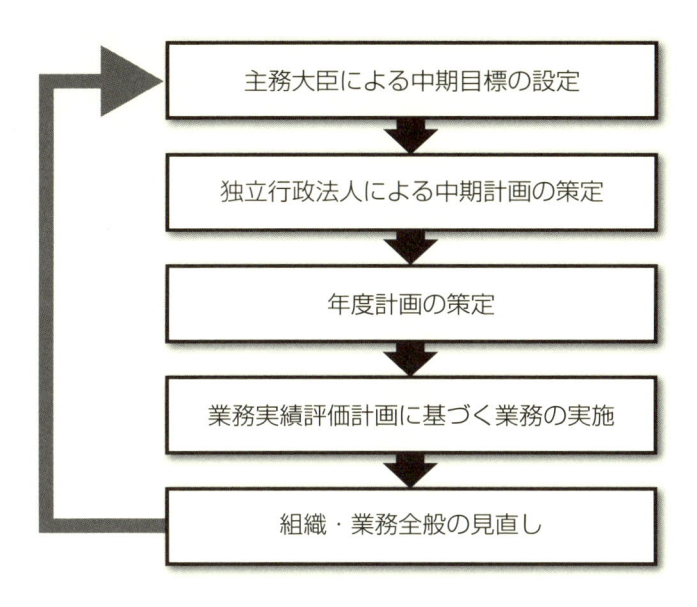

```
┌─────────────────────────────┐
│  主務大臣による中期目標の設定  │←┐
└─────────────────────────────┘ │
            ↓                    │
┌─────────────────────────────┐ │
│  独立行政法人による中期計画の策定 │ │
└─────────────────────────────┘ │
            ↓                    │
┌─────────────────────────────┐ │
│       年度計画の策定          │ │
└─────────────────────────────┘ │
            ↓                    │
┌─────────────────────────────┐ │
│ 業務実績評価計画に基づく業務の実施 │ │
└─────────────────────────────┘ │
            ↓                    │
┌─────────────────────────────┐ │
│    組織・業務全般の見直し     │─┘
└─────────────────────────────┘
```

図表7-2　目標管理と第三者による事後評価及び見直し

業務の遂行状況の適格な把握及び業績の適正な評価に資するため、企業会計原則を基本とした会計処理を行い、一部の小規模な独立行政法人は除き、会計監査人による監査を独立行政法人は受けるとともに、国民等に対し有用な財務情報を提供することとしている。

ii）法人の自律的な業務運営

独立行政法人の長は役員（理事）を任免する権限を有し、民間人登用を含めた適材適所の役員人事を行うことが可能である。

また、法令等により組織の名称・数及び組織ごとの定員が定められている国の行政機関とは異なり、法人自らの判断により、業務の繁閑や行政ニーズに応じて効率的かつ効果的な組織編成・人員配置を行うことが可能となっている。また、役職員の給与等については、法人の業績や役職員個人の業績等が反映される仕組みを導入している。なお、独立行政法人には、法人の目的や業務の性質に応じ、役職員に国家公務員の身分を与え、人事管理に関し、国家公務員に係る法制の適用がある「特定独立行政法人」と、それ以外の独立行政法人である「非特定独立行政法人」がある。

　さらに、国の一般的な予算管理については、毎年度事前に予算査定を受け、原則として、他の費目への移用・流用や次年度の繰越ができない等の仕組みとなっている。これに対して、独立行政法人制度においては、例えば、国から交付される運営費交付金については、予定された使途以外の使途に充てることも可能である。また、経営努力により生じた剰余金については、主務大臣の承認を受けて中期計画で定められた使途の範囲内で取り崩して使用することができるなど、効率的かつ効果的な財政運営が可能となっている。

iii) 業務の透明性

　独立行政法人については、国民に対する説明責任の全うが求められており、その業務は、国民の明確な理解と納得の下で運営されなければならない。そのため、独立行政法人自らが積極的に国民に情報を提供するよう努めるべき旨を定めている（通則法第3条2項）。

　すなわち、独立行政法人制度においては、法人の組織・業務運営等の透明性が重視されており、中期目標、中期計画、年度計画、事業報告書、財務諸表、監事及び会計監査人の監査結果、府省評価委員会の評価結果等については、すべて公表が義務付けられ、官報等への公告及び閲覧による公表のほか、ホームページへの掲載などの積極的な公表が求められている。

iv) 業務の自主性

独立行政法人が自ら責任をもって効率的かつ効果的に業務を実施することを可能とするためには、独立行政法人の自主性に対する配慮が極めて重要である旨を定めている（通則法第3条3項）。

効率性	目標管理		中期目標期間（3～5年）の範囲での目標管理
	事後評価		年度ごとの評価・中期目標期間終了時の見直し
	評価主体		主務府省の評価委員会による第三者評価 総務省に設置された政策評価・独立行政法人評価委員会による横断的な評価結果の見直し
	業務・組織の見直し		中期目標期間終了時に定期的な実施
	会計制度		原則として企業会計原則
	監査制度		会計監査人による監査（小規模独法は除く） 監事による監査
自律性	予算制度	使用変更	運営費交付金については可能
	定員・機構管理		定員・機構数制限なし（総人件費改革は適用） 長の裁量で定員・機構変更可能
	任命権・給与制度		長による役職員の任命（監事は主務大臣による） 業績不振を理由とする役員の解任権 業績を反映した給与制度
	主務大臣の関与		法令に規定された個別の場合に限定
透明性	情報提供		中期目標、中期計画、年度計画、事業報告書、財務諸表、主務府省の評価委員会の評価結果等の公表義務（通則法） 組織・業務・財務の基礎的情報、これらについての評価・監視情報の提供義務（独立情報公開法）
	情報開示		制度あり（独法情報公開法）

図表7-3　独立行政法人の制度概要

(4) 独立行政法人の評価制度

i) 業務実績評価

独立行政法人の各事業年度における業績実績の評価に当たって、各府省の評価委員会は、①当該事業年度における中期計画の実施状況の調査、及び分析をし、並びにこれらの調査及び分析の結果を考慮して当該事業年度における業務の実績の全体について総合的な評定（通則法第32条第2項）を行い、その評価結果を法人及び政策評価・独立行政法人評価委員会に通知しなければならず、必要があると認めるときは、業務運営の改善等についての勧告を行うことができる（同条第3項）。

また、政策評価・独立行政法人評価委員会は、府省評価委員会から通知された評価結果について評価を行い、必要があると認めるときは、当該評価委員会に対し、意見を述べることができるとされている（同条第5項）。

独立行政法人の中期目標期間における業務実績に関する評価に当たっても、府省評価委員会及び総務省に設置された政策評価・独立行政法人評価委員会が、各事業年度における業務実績に関する評価等と同様に評価等を行うこととされている（同法第34条）。

ii) 中間目標終了時の見直し等

通則法においては、独立行政法人の中期目標期間の終了時の見直しについて、主務大臣、府省評価委員会及び政策評価・独立行政法人評価委員会それぞれの掌握事務が、次のように定められている。

① 主務大臣の検討

独立行政法人の中期目標の期間の終了時において、当該独立行政法人の業務を継続させる必要性、組織の在り方その他その組織及び業務の全般に

わたる検討を行い、その結果に基づき、所要の措置を講ずる（通則法第35条第1項）こととされている。

② 府省評価委員会の評価

主務大臣の検討に当たり、府省評価委員会の意見を聴くことが、義務付けられている（同条第2項）。

③ 政策評価・独立行政法人評価委員会の評価

政策評価・独立行政法人評価委員会は、独立行政法人の中期目標の期間の終了時において、当該独立行政法人の主要な事務及び事務の改廃に関し、主務大臣に勧告することができる（同条第3項）。

(5) 独立行政法人通則法の改正状況

独立行政法人制度における法人の運営の基本等の制度の基本となる共通の法律事項を定めているが、下記のとおり改正を行っている。

まず、2008（平成20）年4月には、各府省独立行政法人評価委員会及び政策評価・独立行政法人評価委員会を廃止し、新たに総務省に独立行政法人評価委員会を設置して、独立行政法人の評価機能を一元化すること、内閣によるガバナンスを強化すること等を内容とする独立行政法人通則法の一部を改正する法律案が第169回通常国会に提出されたが、2009年7月に未審議のまま廃案となった。

また、2010年5月には、業務の見直し等により不要となった財産の国庫納付を義務付けることにより、独立行政法人の財務基盤の適正化及び国の財政への寄与を図ることを目的に、不要財産の処分及びその処分計画の中期計画への記載を義務付けること、政府出資に係る不要財産について、国庫への返納又は売却収入の納付、これに伴う減資等の規定を整備すること等を内容とする独立行政法人通則法の一部を改正する法律（2010（平成

22）年法律第37号）が可決・成立し、同年11月に施行された。

そして2012年5月に、無駄を排除しつつ法人の政策実施機能を最大限に発揮させることを目的に、現行独立行政法人制度を抜本的に見直し、国の関与の在り方を見直し、中期目標行政法人及び行政執行法人に区分する新たな行政法人制度を構築する「独立行政法人通則法の一部を改正する法律案」が国会に提出されている。

2　独立行政法人の会計

(1) 独立行政法人会計の位置づけ

独立行政法人の会計制度は、独立行政法人法の規定にもあるように、原則として企業会計原則をベースとすると定められている。しかし企業会計原則はあくまで一般的な営利を目的とする企業を前提につくられたものであるため、公的組織であり、非営利を前提とした独立行政法人に対し、これを直接的に適用することはできない。したがって独立行政法人発足とともに、独立行政法人の会計実務を行う上での基準として「独立行政法人会計基準・同注解」が制定されることとなった。

i) 独立行政法人会計の特徴

独立行政法人の会計を特徴づけるものは何であろうか。独立行政法人は業務をできる限り効率的に行うものと位置付けられ、その制度趣旨から企業会計における複式簿記・発生主義という基本原理を導入するばかりでなく、営利企業における利益・損失を計算する損益計算、それにともなって発生した利益の処分および損失の処理といった仕組みについても適用されることとなった。一方で独立行政法人が行う業務について、その業務にかかる費用について、どれだけ自己収入でまかなうことができたのかを示す

行政サービス実施コスト計算の考え方や、法人の運営のために国から措置される運営費交付金の取り扱いのように、民間企業には見られない会計処理方法も存在する。そういった意味から、独立行政法人の会計は企業会計と政府会計が同居しているハイブリッド型の会計であると位置付けることもできるだろう。

ii) 複数の会計基準

また独立行政法人制度の発足以後、2004年には国立大学法人制度が、2005年には地方独立行政法人制度（公立大学法人制度もこれに含まれる）がそれぞれ発足した。同時に国立大学法人会計基準や地方独立行政法人会計基準も制定され、これら法人の会計実務を行う上での基準となったが、これらの基準においては、先行する独立行政法人会計基準が準用されており、これら複数の法人制度における会計基準の核として機能することになっている。

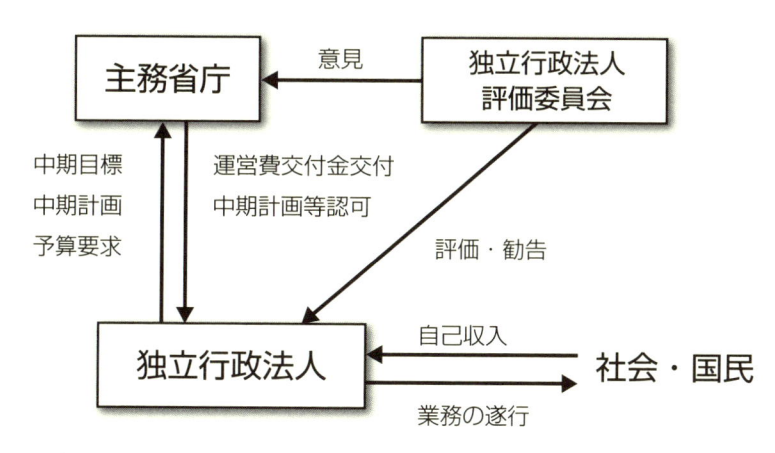

図表7-4　独立行政法人のガバナンスと収入

(2) 独立行政法人会計における財務諸表

　独立行政法人は会計基準に基づいて財務諸表を作成することが求められている。財務諸表は「損益計算書」「貸借対照表」「キャッシュフロー計算書」「利益の処分又は損失の処理に関する書類」「行政サービス実施コスト計算書」「附属明細書」から構成される。また独立行政法人は国から運営費交付金という形で予算措置を受けることで国の予算・決算のシステムとリンクしていることから、財務諸表とともに「決算報告書」を作成することが求められている。

i) 損益計算書

　独立行政法人は企業会計原則に倣い、その経営成績を表示するうえで損益計算の考え方を導入していることから、損益計算書がその財務諸表の一部として作成される。一般的な損益計算書は企業等が得た収益をまず表示し、次にその収益を獲得するのにかかった費用を減算するという方式で表示される、つまり収益－費用＝利益（損失）となる。ところが独立行政法人においては、まず法人が業務を行うのにかかった費用が先に表示され、その費用を収益でまかなうという考え方が導入されている。すなわち費用－収益＝利益（損失）という図式になるのが、独立行政法人における損益計算書の特色である。ただし、独立行政法人の中には独立採算型と呼ばれるものがあり、それらについては損益計算書の表示は一般の企業会計と同様の、収益－費用＝利益（損失）という表示形式がとられる。

貸借対照表

```
資産の部              負債の部
  現金預金
                     資本の部
                      資本金
                      資本剰余金
                      利益剰余金
                      積立金
                      当期総利益
```

キャッシュフロー計算書
　資金期末残高

損益計算書
　経常費用
　経常収益
　臨時損失
　　：
　当期総利益

利益の処分・損失の処理に関する書類
　当期末処理利益
　当期総利益

行政サービス実施コスト計算書
　業務費用
　　損益計算書上の費用

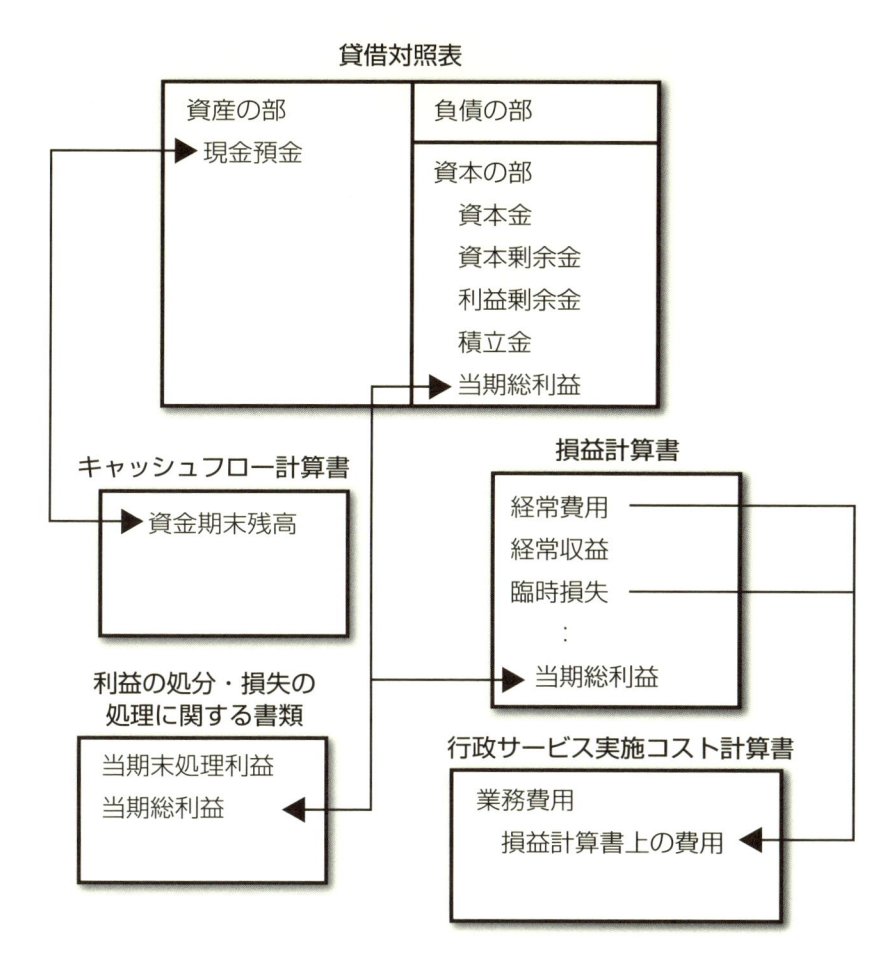

図表7-5　独立行政法人の財務諸表の体系

ii）貸借対照表

　独立行政法人の財政状態を表示するものとして作成されるのが貸借対照表である。企業と同様に借方に資産、貸方に負債と資本が表示される点では企業の貸借対照表と何ら異なるところはない。ただし資本の部には独

立行政法人の特徴が現れており、国や地方公共団体からの出資金は資本金、評価替や贈与によって生じた剰余金は資本剰余金、毎年の経営活動の成果として生じたものは利益剰余金として、それぞれ整理される。

貸借対照表の表示形式は一般企業と同様に、流動資産を先に表示する流動性配列法を用いるが、国立大学法人や公立大学法人（地方独立行政法人の一形態）においては固定資産を先に表示する固定性配列法が用いられており、読む際には注意を要する。

iii) キャッシュフロー計算書

独立行政法人における一会計期間のキャッシュフローの動向を示す計算書類であり、その資金の増減について性質別に、業務活動によるキャッシュフロー、投資活動によるキャッシュフロー、財務活動によるキャッシュフローの三種類に区分して表示する。独立行政法人特有の項目としては、業務活動によるキャッシュフローには運営費交付金収入や剰余金等の国庫納付金（支出）が、投資活動によるキャッシュフローには国から予算措置される施設費の収入が記載されることになる。また受取利息や受取配当金については、独立行政法人の場合、業務活動によるキャッシュフローとして記載される。

iv) 利益の処分又は損失の処理に関する書類

独立行政法人が一会計年度の経営活動の成果として計上した利益の処分または損失の処理を行い、その結果をこの書類で開示する。独立行政法人においては、毎年の経営活動によって得られた利益については、これを必ず積立金もしくは目的積立金として整理しなければならない。この積立金と目的積立金の振り分けでは「経営努力認定」という基準が用いられている。これはある事業年度において、①法人が運営費交付金やその他補助金

以外の収益から得られた利益、②法人が本来行うべき業務を効率的に行ったため得られた利益、③その他法人が経営努力によって得られたと立証した利益について、主務大臣の許可を得ることにより目的積立金として整理することができるとするものである。この目的積立金は、通常の積立金が法人において損失が発生した場合の処理にしか用いられないのに対し、法人の目的の範囲内で自由に使用することができるというものであり、独立行政法人の効率的な運営を促すためのインセンティブとして導入された制度である。しかしながら現在の厳しい財政状況もあり、主務省庁から経営努力認定を受け目的積立金を積み立てることができる独立行政法人は少ないのが現状である。

v）行政サービス実施コスト計算書

　行政サービス実施コスト計算書は、企業会計にはない独立行政法人会計における特徴的な財務諸表である。この財務諸表の目的は、独立行政法人が年間の活動を行うことによって、どれだけ国民の負担を必要としたかということを示すことにある。ここで行政サービス実施コストに属するものを以下、解説する。

①業務費用

　行政サービス実施コスト計算書における業務費用は、独立行政法人の損益計算書上の費用から、国・地方公共団体からの運営費交付金や補助金等以外の自己収入を差し引いた金額として表示される。この意味は、損益計算書上の費用のうち、真に国民負担分となる費用の額を計算することにある。

②法人の責任ではないが国民負担となる費用

　ここで計算される費用は、国や地方公共団体による現物出資や、施設費

の補助によって法人が取得した資産、いわゆる「特定資産」にかかる減価償却相当額、国や地方公共団体が負担することになっている職員の賞与や退職給付の見積額が計上される。これらの金額は本来法人の負担すべき費用ではないことから、法人独自の損益計算書上は費用として認識されない。しかしながらこれらの金額については、税金によって賄われる国民負担といえることから、行政サービス実施コストとして認識される。

③機会費用

行政サービス実施コスト計算書では、実際に発生している費用だけでなく、「もし、独立行政法人が用いている資産を他の用途に充てていたら、どれだけの収入を得られているか」すなわち独立行政法人に国の資産を使用させていることによって、国が失っている利益である機会費用を隠された国民負担として認識するという特徴がある。この機会費用については様々な考え方があるが、独立行政法人会計基準では、国や地方公共団体が無償もしくは減額された使用料で資産を利用させている場合の機会費用、出資することによる機会費用、無利子や有利な条件で融資を行う場合の機会費用を計上することとしている。

④固定資産の減損額、資産除去債務にかかわる減価償却及び利息費用相当額

独立行政法人会計基準では、2007年の改正から固定資産の減損を行うこととなった。独立行政法人が中期計画等に従って業務を行った場合に生じた減損については、法人の責任とはならないため損益計算書上に計上されないが、国有の財産の価値下落が国民負担となることを反映させるために、行政サービス実施コスト計算書に計上する。

また資産除去債務に関する減価償却及び利息費用相当額の計上については、国際会計基準（IFRS）と企業会計原則とのコンバージェンス（収斂）による取組みに関連して設けられた規定であり、上述の特定資産に関する

資産除去債務にかかわる減価償却及び利息費用相当額を計上するものである。

これら①から④の項目を合算し、そこから法人税や国庫への納付金を差し引いたものが、最終的に行政サービス実施コストとして、独立行政法人の活動によって生じる国民負担として表示されるのである。なお国立大学法人では当計算書を「国立大学等業務実施コスト計算書」と称する。

vi) 附属明細書、決算報告書

独立行政法人会計基準においても、附属明細書が作成され財務諸表の情報内容を補完する役割を果たすが、企業会計において開示される固定資産やたな卸資産、有価証券の明細といった一般的な項目のほか、独立行政法人特有の項目、たとえば積立金・目的積立金の明細、運営費交付金の明細、国からの財政措置の明細といったものがここで開示される。

決算報告書は年度計画における予算額と年度業務実績である決算額とを並列対比した書類である。これは財務諸表を構成するものではなく、会計基準ではなく独立行政法人通則法において作成が求められる財務諸表の添付書類としての扱いである。しかしながら独立行政法人の大多数が年度ごとに国からの予算措置を受け運営されることや、法人の実績評価が予算と決算の対比を参考にするといったことがあり、決算報告書は添付書類でありながら、法人運営および評価の観点から非常に重要な書類であると位置付けることができよう。

(3) 独立行政法人特有の会計処理

独立行政法人の会計が企業会計をベースにしているものの、一般の企業とは大きく異なる業務モデルに基づいていることから、独立行政法人特有

の会計処理が存在する。ここではその代表的なものについて解説を加える。

i) 運営費交付金の会計処理

独立行政法人はその業務を行うに当たって、国や地方公共団体から運営費交付金を措置される。この運営費交付金が法人に予算措置されると、法人はいったん債務（運営費交付金債務）として認識し、法人が交付金を用いて業務を行うにともなって収益として認識する。さしずめ法人が年度のはじめ年度計画に定められた業務という荷物を背負い、業務を遂行するにつれてこの肩の荷が下りる、という具合である。したがって運営費交付金の会計処理は以下のようになる。

＜運営費交付金措置時点＞
　借方:現金・預金　○○　/　貸方:運営費交付金債務　○○
＜運営費交付金収益化時点＞
　借方:運営費交付金債務　○○　/　貸方:運営費交付金収益　○○

運営費交付金が収益化されるタイミングは、年度業務全体の達成度合いから図る業務達成基準、時の経過に従って収益化する期間進行基準、支出額を基準とする費用進行基準の三つがあり、法人の実情に合わせて選択適用される。

ii) 特定資産の減価償却

国・地方公共団体の現物出資や施設費の補助によって整備された施設の減価償却費については、法人の責任の範囲外にあるとの考えから、損益計算には反映させない。この場合の会計処理は以下のように行われる。
　借方:損益外減価償却累計額　○○　/　貸方:減価償却累計額　○○

iii）減損会計の導入

　独立行政法人における減損会計は、2005年に「固定資産の減損に係る独立行政法人会計基準」が設定され、同年度から実施されることになった。ここで減損とは、独立行政法人における固定資産の帳簿価額が過大な場合、それを適正な金額まで減額することであり、固定資産に現在期待されているサービス提供能力が、当該資産の取得時に期待されたサービス提供能力よりも著しく減少し、将来もその回復が認められない場合または固定資産の将来の経済的便益が著しく減少した状態に適用されるものである。独立行政法人の減損においてはその業務の特徴から、減損が生じている可能性（減損の兆候）について、以下のように整理している。

　①固定資産が使用される業務の実績の著しい低下
　②固定資産の使用可能性の著しい低下
　③業務運営の環境が著しく悪化、もしくは悪化見込み
　④固定資産の市場価格の著しい下落
　⑤固定資産の全部または一部不使用の決定

参考資料

・あずさ監査法人パブリックセクター本部『独立行政法人会計の実務ガイド（第2版）』中央経済社　2010年
・鈴木豊・兼村高文編著『公会計講義』税務経理協会　2010年

第8章

公会計と予算制度改革

1　わが国における公会計と予算制度

(1) 公会計と予算制度改革

　政府が行う活動を行政と位置づけるならば、行政が経済活動であるときにはこれを財政という。そこでこの財政を貨幣的に表現したものが予算ないし会計である。政府の行政は民間企業の経営に、財政は経済的取引に置き換えれば理解可能となろう。

　民間企業においては、経営は経済的取引として具体的に実施される。この経済的取引を事前の見積もりとして表現するものが予算であり、この経済的取引を事後の貨幣的記録として表現するものが財務会計である。ここに経営活動に属するにもかかわらず経済的取引を伴わない場合には、事前の予算にも事後の会計にも表現されない。ただし、経営を全体として理解するには貨幣的に表現できないものまでも説明することが求められる場合があり、とくに組織内の経営管理においては、非財務指標も使用される。

　政府においてもこの基本は変わらない。行政は財政として具体的に実施される。この財政を事前の見積もりとして表現するものが予算であり、この財政を事後の貨幣的記録として表現するものが会計である。ここに行政

に属するものの財政を伴わない場合には、事前の予算にも事後の会計にも表現されない。ただし、行政を全体として理解するには貨幣的に表現できないものまで説明が求められる場合があり、その際には非財務指標が使用される。

このように民間企業と政府の場合を同じように説明してみたが、重点の置き所が違うようである。民間企業の場合には、貨幣的に表現できない活動の存在はあるにしても、一般には、貨幣的に表現された事後的な経営成果が重視される。そこでは、経営成果を良く導くために予算が存在するけれども、より重視されるのは会計である。もちろん企業は会計のために存在するのではないが、経営目的の達成度を会計が表現しているとの前提に立ち、経営成果の貨幣的表現を得る会計が重視されるのである。

ところが政府の場合には、行政目的の成果が貨幣的に表現できないので、貨幣的表現として会計を行政成果の手法として採用するわけにはいかない。それにもかかわらず、行政は不可避的に財政を伴う。そこで、事前の財政見積もりとして予算を重視する仕組みが考え出される。これに加えて、財政の事後的表現である会計を重視することは可能であるとしても、民間企業と異なり、財政を伴わない行政の責任まで強く求められる、すなわち会計では表現できない責任まで強く求められる状況を無視することはできない。

以上の関係において、予算制度という場合、民間企業においては社内制度として、いわば任意の制度として、組織構成員の行動を経営成果によく結び付くように導く手段として存在すればよく、制度とはいうものの社会制度ではない。これに対して、政府においては、会計的手段によっては統制不能な行政行動を、財政への制約として、事前に強制力を持たせた収支見積表の形式で、その統制力を確実にするものが予算制度である。

政府においてはこれだけ重要な予算制度であるにもかかわらず、その定義すら学説が定まっていない。あるものは財政制度としての予算制度と定義し、あるものは財務会計制度としての予算制度として定義するなど、予

算と会計と財政と行政の関係が明確に定義されていないものが多い。それにもかかわらず、会計学の観点から言えば、法的な定義の如何に関わらずその実質を改善するために貢献できる提言を行う立場にある。

　法的、経済的な予算制度の意義を変えることなく、会計が予算制度を改善する方法がある。一方、会計が法的、経済的な予算制度の意義を変えることによって、予算制度を改善する方法がある。前者を会計からする制度改善、後者を会計からする制度改革と区別したい。

　制度改善への会計の貢献は多々ある。予算はぶんどりである、予算は使いきるものである、予算は流用でいかようにもなる、といった実態があるとすれば、今の予算制度を一切変えることなく、会計が機能する環境を確保するという条件付ではあるが、予算の改善は望めるであろうというものである。しかし、これは行政における会計に対する対応の変革すなわち意識改革を求めることになるので、その意識改革が何によって達成されるかはもはや会計問題ではない。

　他方、会計からの主張が認められれば、法的、経済的な予算制度の意義が変わるという方法を選択することができる。明治以来の伝統的な形式的予算の諸慣行の意義を認めつつも、実務的な側面から、予算の編成過程に会計の主張を盛りこむことである。短期的には、予算編成の過程の変化を求める試みであり、中長期的には形式的な予算過程の法整備の変革を迫る試みである。

　これまでのところ、財務会計は発生主義会計の意義を提唱してきたが、財政に関わる予算制度改革への貢献という点で成功していない。現行予算制度はそのままにして別に財務会計制度の構築を求める意見と、現行予算制度の機能を否定して財務会計の発想による新規予算制度を望む意見とが大半を占め、現行予算制度の機能を肯定的に評価する意見が少ない。一方、管理会計は、政策評価や事業評価の経験を踏まえ、現行予算制度の枠組みを大きく変えることなく、実行可能な改革案を提案できる可能性がある。

　以下の説明は後者に属するものであり、民間における予算の機能は政府

においても期待できるという考え方に基づき、会計外からする予算制度改革に与することなく、実行可能な改善策を政府組織における管理会計の機能として考えることができる。

(2) NPMと機能しない業績評価システム

1980年代以降、イギリスやニュージーランドなどのアングロサクソン諸国では、民間企業における経営理念、手法、成功事例などを可能な限り行政現場に導入することを通じて行政部門の効率化・活性化をはかるNPM（New Public Management）が志向された（大住，1999, p.1）。

NPMの概念には以下のように、財務会計制度や監査制度を含む多様な公会計改革の概念が含まれている（Guthri et al., 1999）。

① 財務会計制度の変更（発生主義会計への移行）
② 市場志向の展開（サービスの授受における市場メカニズムの導入など）
③ 業績管理システムの展開（財務、非財務指標に基づくアウトプット、アウトカムの測定、ベンチマーキング）
④ 予算権限の分権化（財務・非財務指標に基づく報告システムとリンクした分権経営）
⑤ 内部・外部監査の変更（公的サービスに対する効率性、有効性監査の導入）

この中で特徴的なのは、NPMの概念には、Hood（1991, 1995）やGuthri et al.（1999）が整理しているように、財務、非財務指標に基づくアウトプット、アウトカムの測定、評価という業績評価の視点が含まれているが、これには、PDCA（Plan-Do-Check-Action）サイクルを念頭においた経営管理を通じて、計画を構成するプログラムやプロジェクトの業績

の測定、評価を行い、計画の見直しや改善を行うこと、すなわち予算編成を含む長短の効果的な資源配分の意思決定につなげることが志向されていることである。

このような考え方は、わが国における中央省庁の政策評価や自治体における行政評価の導入に影響を与え、2001年に政策評価が法制化され、自治体においては行政評価の導入が進んだ。自治体については、国として法的に制度整備は行われなかったが、総務省（当時の自治省）が調査を兼ねて先進自治体の取組みに関する情報提供を実施したこと、予算編成に反映させることによる計画の効果的な実現、事業の削減、業務改善、住民に対する説明責任の履行、職員の意識改革などが期待されたこと、また、2000年に閣議決定された行政改革大綱において行政評価導入の促進が明示されたこともあって、2000年以降現在に至るまで導入が進んだ。都道府県、政令市など規模の大きな自治体ではほぼ導入済みであり（95％以上、平成22年度総務省調べ）、市町村を含めた自治体全体でも5割を超える自治体が導入済みである。国から強制されたものではなかったため、評価対象事業数、評価指標の種類、成果の測定・評価方法は各自治体の裁量に委ねられたが、総合計画などの計画体系にそった施策や事務事業を対象とすることや、インプットだけでなくアウトプットやアウトカムの成果を測定、評価しようとすること、また、PDCAサイクルが志向されている点など、基本的な構造は類似した取組みが広がっていった。

しかし、評価情報を予算編成における意思決定に活用するのは必ずしも容易ではなく、予算編成過程（査定）との関連付けが曖昧であることや（東，2005, pp.245-249)、とくに財政規律の観点からは十分機能していないと指摘されている（田中，2011, p.362)。そして、業績評価の技術的合理性を高めること、業績評価、予算編成それぞれの機能や目的に違いがあるため、政策、施策、事務事業といった評価の階層とマネジメントサイクルの整合性を高めること、アウトプット予算、政治的課程と評価における技術的課程との調整の必要性が指摘されてきた（山本，2001, pp.125-135)。

実際、自治体の場合、導入自治体の約9割が評価指標の選択や目標値設定における課題に直面し、約6割の自治体が予算編成への反映が難しいと認識している。また、2010年10月に実施された総務省による調査においても、評価指標の設定について79.1%、予算編成の活用については65%の自治体が課題として認識している（総務省，2010）。

　計画と予算を関連付けようとすること自体は新しいものではない。たとえば1960年代前半、米国において短期的ながら導入されたPPBS（Planning-Programming-Budgeting System）をあげることができる。わずか3年で廃止に至った要因として、複数の要因が指摘されており、実施するための技術、資源不足などのほかに測定、評価の問題も指摘されている。管理会計の考え方が導入され事業ごとに費用測定が行われたが（大住，1997, p.97）、費用－便益分析において成果を定量的に測定するのが困難であるという問題が指摘されている（松本，2006, pp.19-20）。NPMの考え方にそった業績評価は必ずしも貨幣数量に限定されるものではないが、NPM志向の業績評価においても業績測定の困難性の問題は克服できていない。その結果、評価結果に基づいて資源の重点化、休廃止といった資源配分を合理的に実施することができず、行財政改革においても十分貢献できていない。

（3）予算編成と業績評価の統合化へのアプローチ

　政策評価などの業績評価と予算編成課程との整合性を高めるため、とくに、政策評価や行政評価など新たに導入された業績評価システムにおいては様々な検討や改善の取り組みがなされてきた。

　元来、行政活動の成果を定量的に測定することは難しく（Lapsley, 1999 ; Kelly, 2002; 中井, 2005, p.184; 山田, 2006）、また、合理的な目標値を設定することや、インプットとの関係を合理的に示すことが困難であることが指摘されてきた（Flynn, 1986, p.397 ; Poister, 2003, p.19; 大住, 2002, pp,

55-56；山口，2008, p.83 など）。わが国の場合は比較可能性が乏しいことで、合理的な指標選択や目標設定がより難しいものとなり、行政評価を導入するうえでの大きな課題となった（古川・北大路，2001；山本，2001 など）。

　中央省庁レベルでは、行政評価局や各種委員会の設置、評価と省庁へのフィードバックの仕組みなどが整備されてきた。地方においても、各自治体は試行錯誤的に様々な取り組みを行ってきた。一つは、豊富なデータ、多元的評価、きめ細かい評価基準の設定などにより、客観性や信頼性、妥当性を高め、業績評価システムとして事業の有用性における優劣や重要性の大小を総合評価しようとするアプローチである。たとえば、横須賀市では、2001年から行政評価に取組み、詳細な住民満足度調査と外部評価委員会による評価によって客観性、妥当性の高い評価システムの構築を目指そうとした。また、評価結果や目標値の合理性を高めるアプローチとして、複数自治体のデータを収集することや複数の自治体がネットワークを形成することで、相対業績評価に取り組んできたケースもある。代表的な取り組みは2005年にNIRA（総合研究開発機構）によって設立された「都市行政評価ネットワーク会議」における参加メンバー都市間の取り組みであり、86団体が参加したものである（2009年3月当時）。また、自治体が中心となって実施したものとして、福井市、龍ヶ崎市などの取り組みがある。福井市の取り組み（「比べジョーズ」）は、特例市を中心とした全国的な同規模自治体間の相対比較であり、2006年当時34団体が参加している。龍ヶ崎市の取り組みは県南近隣自治体8市町を対象として2000年から実施されたものである。その他にも、逗子市、藤沢市、鎌倉市が取り組んだ「湘南ベンチマーキング」などの取り組みがある。

　しかし、満足度評価や外部評価を取り入れた自治体においても、実際には予算編成課程の意思決定に合理的に反映することができず、行政評価自体を断念したケースや、相対評価結果は予算編成課程からはまったく分離しているケースがあるなど、評価コストに見合った成果を得ることができていないのが現実である。

(4) 予算の機能と事業の作りこみ

　政策評価などの業績評価と予算編成課程との整合性を高めるための方策として、業績評価の側面においては様々な取り組みがなされてきた。しかし、評価における取組みに限界があるとすれば、予算編成プロセスに踏み込んで検討する必要がある。

　予算編成を、経営管理の視点で捉えるならば、予算管理の機能には、計画、調整、統制の3つの機能があると考えることができる（小林, 1997, pp.29-30；Anthony, 2007, p.382）。行政の組織においても、業績評価情報を用いた事業間、組織間、利害関係者間の調整活動が予算編成課程において行われなければ、そもそも業績評価情報の意義は低い。つまり、NPM志向の業績評価システムを導入するのであれば、その情報を利用する予算編成過程は、経営管理システムとしての予算機能をもつ必要がある。

　では、経営管理指向の調整活動とはどのようなものであろうか。予算機能としての調整活動には、少なくとも部門間の水平的な調整活動と上位の管理単位の目標と下位の管理単位の目標との垂直的な調整活動がある（小林, 1997, pp.31-32）。行政組織における水平的な調整活動とは、施策、事務事業の所管部門と関連部門、計画全体の進行管理を行っている政策、企画部門、財政部門との調整であり、地域を統括している部門がある場合は、地域所管部門も調整主体に含まれるであろう。また、垂直的な調整とは、政策、施策、事務事業といった、計画体系における上位政策または施策と、それを構成する下位施策または事務事業との調整である。この調整活動は、単に権限と責任を組織や人に割り当てる活動ではなく、予算管理の仕組みを通じて組織横断的、あるいは上下間にインターラクションをもたらす可能性がある（Simons, 2005）。このような双方向のコミュニケーションが生まれることで新たな事業実施方法のアイデアを創出することができるとすれば、調整活動は創造的な活動であると考えることができる。

　政府組織の予算編成過程について考えると、水平的調整によって、目指

そうとする成果に対して、どの程度のアウトプットを供給するか、そのための資源確保はどのようにするのか、限られた資源の中でどの部門（あるいは地域）の事業を優先的に実施するのか、他部門の事業と統合ないし代替できるものはないかなどの調整を考えることができる。また、垂直的調整によって、事務事業の目標を達成することが上位施策、政策目標の達成につながるかという観点から調整活動が行われることが考えられるであろう。

　このような調整機能を重視する予算編成過程の手続きは、部門別の予算枠で管理するのではなく、個々の施策や事業を対象としているという点で個別的である。また、個々の施策や事務事業について検討される際には、期待される成果目標と投入予定資源量、金額、業績情報が求められる。この意味では、手続面では個別査定に基づく業績予算に近いといえ、増分主義やシーリングによる枠配分による予算編成プロセスとは明らかに異なる手続きを必要とすると考えられる。

　以上のように、行政評価などの業績評価の技術的合理性を高めることを通じて財政規律を高めることは依然として難しい課題であるが、むしろ予算編成プロセスにおける組織的側面である調整機能を重視することで、調整活動を通じた部門縦横断的な双方向のコミュニケーション（インターラクション）により、計画体系にそった成果志向の資源配分の重点化、事業の統廃合、事業実施方法についての新たなアイデアが生みだされる可能性がある。そこで、このような計画体系にそった成果志向の調整活動を通じて、予算を作り込んでいく予算編成課程を予算企画と定義し、調整活動の意義を検討したい。

2 予算企画の事例

(1) 大阪府八尾市における取組み

　以下では、調整活動を重視した予算編成過程を採用している大阪府八尾市の例を検討することで、調整機能重視型予算編成の意義と可能性について検討することにしたい。八尾市は大阪府中東部に位置する人口27万人、一般会計規模899億円（2011；H23年度当初予算）の特例市である。八尾市では、平成22年度（2010年度）に、平成23年度（2011年）開始予定の新たな総合計画（基本構想：10年、基本計画：5年、実施計画：3年）の立案を行ったが、その過程において、行政経営管理に基本的に求められたのは、効果的な計画行政の実施であった。

　平成23年度を開始年度とする新たな総合計画では、計画を実質的に実現するために、各施策の中期的な成果に関する計画目標値が設定された。また、市内の地域の実情にあったまちづくりをきめ細かく実施していくための地域別の計画も策定された。その結果、計画行政の観点からは、実施計画における目標を達成し、基本計画、基本構想を実現するために各施策をどのように重点化するか、また、施策ごとに構成事務事業をどのように構成し重点化するかという課題があった。このため、年度計画の立案と実施に関する分権化が進められた。

　他方、八尾市では、予算については必ずしも分権化を進めてきたわけではない。財政状態は、経常収支比率は99.8％（平成19（2007）年度）から97.6％（平成21（2009）年度）へと良化しており、また、連結実質赤字比率は黒字であり、公債費比率も12.6％（平成19（2007）年度）から11.9％（平成21（2009）年度）へと良化しているなど、危機的な財政状況にはおかれていないが、決して健全性が高い状況ではない。このため、部局間で重複事業が生まれないようにすると共に、全庁的視点に立った最適化が必要であり、政策推進課、行政改革課、財政課との調整が課題となった。

さらに、市長は、総合計画の着実な実施だけでなく、総合計画の立案時点では想定できなかった事業について、迅速に評価し対応する必要性を感じており、市長が必要性を感じている事業を、既存の計画の中でどのように位置づけ資源配分するかについても調整が必要である。このため、資源配分に関わる部局間、市トップとの情報共有と最適化に向けた議論も必要である。

業績評価については、行政評価として既に導入済みであり、総合計画に体系付けられた事務事業を評価する仕組みとなっていたが、それまでの実施計画は、必ずしも明確に各部門の目標や責任と関連づけられていたわけではなかったため、各部門において事業の目的を意識した改善や資源配分の変更に関する意思決定が適切に実施されているとはいえないと考えられた。また、行政評価は事後的な評価であり、前年度の評価結果が次年度の予算編成に反映される可能も低いことが認識されていた。

(2) 八尾市における予算編成プロセス

八尾市では、調整の主体となる組織を重視するため、経営管理システムの主軸を組織業績管理としての部局マネジメントにおき、庁内の会議体と意思決定プロセスを部局マネジメントが中心となるよう変更した。

図表8-1の通り、①行政評価の事後評価は、②部局レベルの当年度、次年度の情報共有に活用され、③今年度部局方針、④次年度部局方針が策定される。ここで、部局内で施策、構成事務事業の重点化の調整がまず行われる。この部局方針は⑤市長の意志もふまえ、⑥市全体の計画策定方針として決定され、部局において部局間調整が行われる。そして、⑦次年度の施策、事務事業の資源配分が検討され、⑧各部局と政策推進課、行政改革課、財政課との調整、⑨市長との調整を経たのち、⑩具体的な予算編成に入り、議会にむけた⑪当初予算の決定と⑫次年度計画、運営方針の決定につなげられる。

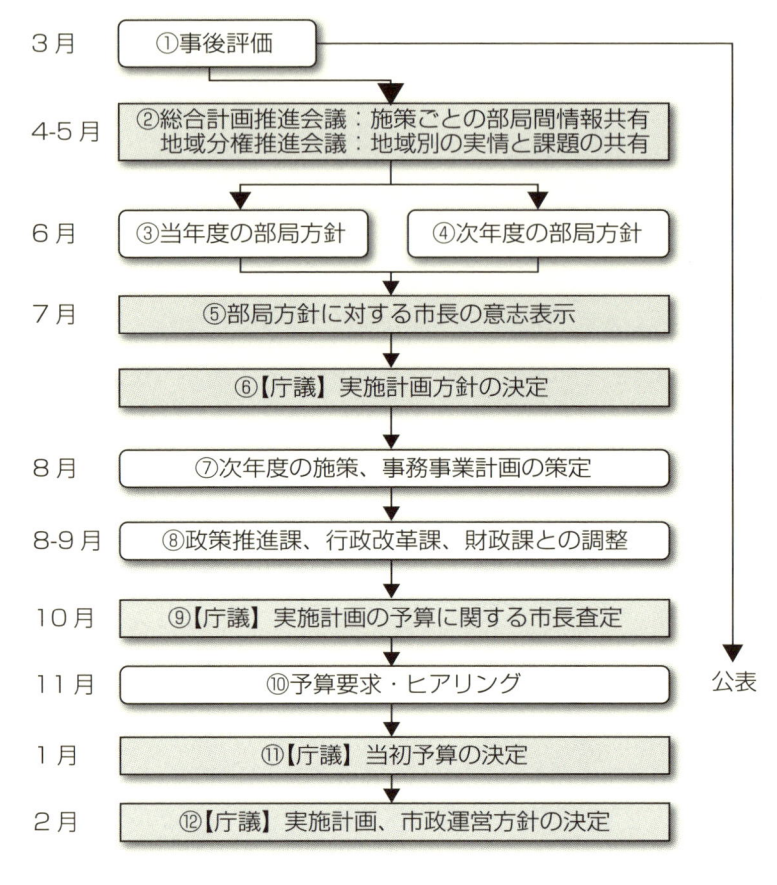

```
3月     ①事後評価
        ↓                                              ↑
4-5月   ②総合計画推進会議：施策ごとの部局間情報共有
        地域分権推進会議：地域別の実情と課題の共有
        ↓          ↓
6月     ③当年度の部局方針    ④次年度の部局方針
                    ↓
7月     ⑤部局方針に対する市長の意志表示
        ↓
        ⑥【庁議】実施計画方針の決定
        ↓
8月     ⑦次年度の施策、事務事業計画の策定
        ↓
8-9月   ⑧政策推進課、行政改革課、財政課との調整
        ↓
10月    ⑨【庁議】実施計画の予算に関する市長査定
        ↓
11月    ⑩予算要求・ヒアリング                         公表
        ↓
1月     ⑪【庁議】当初予算の決定
        ↓
2月     ⑫【庁議】実施計画、市政運営方針の決定
```

図表8-1　予算編成のプロセス
(出典) 八尾市資料をもとに筆者作成

　計画体系に位置づけられる施策や事務事業を、部局に関連付け、部局の方針と業績責任を明確にするため、**図表8-2**のような、マネジメントシートが作成された。これは、長期的（10年間）な部局使命と中期的（3年間）な基本方針をふまえ、次年度の運営方針と関連する施策の目標、構成事務事業の計画を管理しようとするものである。これにより、総合計画は、各

部局マネジメント目標シート 【次年度ビジョン】

| 部局名 | | 部局長名 | |

部局の使命

中期の施策実現のための部局の基本方針

部局における次年度の重点的な施策展開の基本方針	関連施策	関連施策の進捗度を測定するための指標		
		指標名（単位）	目標値 H24	現状値 H22	めざす姿 H27

平成24年度における重点取り組み内容
①実施計画・マニフェスト実行計画案関連事業及び財政改革アクションプログラム　　　（千円）

施策	提案区分	経費区分	事業・項目名	取り組み内容	担当所属	事業費	特定財源	一般財源
No.	新規／拡大／継続	経常・投資						

平成24年度における重要な行財政改革の取り組み内容
②行財政改革アクションプログラム等

番号	項目名	取り組み内容

図表8-2　部局マネジメント・ワークシート
(出典) 八尾市資料

部局における次年度計画策定の方針に落とし込まれ、市長および部局間調整を経て予算編成に反映されることで、実現につながっていくことが期待された。

(3) 調整活動と会計情報

八尾市では、市長、施策や事務事業の実行主体である部局長、そして政

策推進課、行政改革課、財政課等の全庁的な部門との調整ツールとして、**図表8-3**のような優先付マップを作成した。マップでは、各部局方針に基づいて、各部局が施策実現に向けて貢献度が高いと評価した取り組みを優先度の高い順に配列し、その中で全市最適化の観点から政策企画部長案に印をつけ（濃い色のセル）、さらに各事業には、地域分権の視点や政治判断の必要性、緊急性が整理されている。これに基づき市トップが、各部門がどのような方針で資源配分を行うべきと考えているかを理解し、全市としてどの事業に優先的に資源配分を行うべきか意思決定した上で方針を示し、その後の部局内および部局間の調整により、各施策・事務事業計画策定が行われる。

このような調整ツールを作成したことで、各部局長は、他部局がどのような施策や事務事業を重点化しようとしているのかがわかり、自部局の重点化の方向性を他部局の方向性と相対化して認識し意見交換できるようになった。また、市長や全庁部門は全体を俯瞰できるようになり、全庁的な観点から、優先付をすることで、部局が下位の優先度として位置付けた事業を全庁的な観点から重点化するうえでの調整が容易になった。ただし、優先付マップは、既存の計画体系に位置づけられる施策や事務事業が中心であり、市長が対応の必要性を認識している新規の事業はリストとして示されていない。したがって、調整の議論を可視化するうえで、どのようにマップを使用するかが平成24（2012）年度の課題となった。

以上のような取組みを通じて、計画体系に位置づけられる各施策や事務事業は、まず、各部局内での中長期的な方針と次年度方針、上位施策と構成事務事業間で調整が行われ、庁議などの全庁的な調整の場で部門間調整が行われ、資源配分の意思決定につながっている。このような各調整の場で、会計情報は、過年度、当年度、次年度の財務情報および、行政評価に基づく成果を示す非財務情報を提供している。ただし、部局内での調整、部局間調整の場においては、行政評価の評価結果情報は意思決定の参考程度に使用されており、評価結果が調整の意思決定に必ずしも直接的に影響

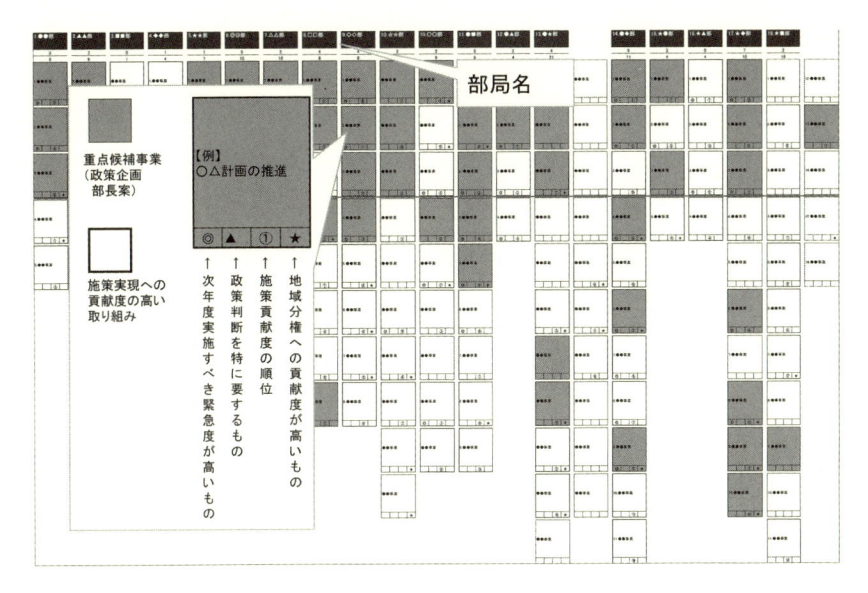

図表8-3 事業優先付マップ（イメージ図）
(出典) 八尾市資料

を与えているわけではない。

3 予算編成における調整の意義と会計情報

　予算編成は、部門の利用できる資源の大きさを決めることを意味し、その調整主体は部局等の組織となる。このため、計画体系に位置づけられる施策や事務事業は、組織単位と関連付けられる必要があり、組織内で所管する施策や事務事業への資源配分を検討するため、また、部局間、部局と財政部門や市長との調整を行うためには、各部局の方針や戦略を明らかにし、計画を各部局の課題として落とし込むプロセスが必要となる。

　行政評価等の業績評価情報を調整活動や意思決定に活用するためには、調整のためのツールが重要であり、とくに一覧性が求められる。すなわち、

計画体系にそって個々の施策や事務事業の過去の財務、非財務の成果を示すだけでなく一覧として示すことで、資源をどのように配分するかを検討するための基礎的な資料を提供すると共に、事後評価などの実績が概観されることで、意思決定を支援している。とくに事業優先順位付マップは、施策や事務事業の構成、優先順位を可視化することで、調整活動を促進させるうえで貢献している。

他方、使用される行政評価等の業績評価情報について注目すべきは、調整活動において重点化、優先度を決定する際には、必ずしも事後評価結果の良否に依存していないことである。すなわち、事後評価の高かった事業について機械的に資源を配分しているのではなく、将来的な重要性と他の施策や事業との相対的な関係を考慮し総合的に決定している。したがって、八尾市の例は、業績評価プロセスの精度向上が必ずしも予算編成における情報活用をもたらすのではなく、調整活動が重要であることを示している。

4 予算制度の効果的な運用に向けて

予算制度改革には様々なアプローチがあり、会計も財務会計、管理会計それぞれ貢献しようとしてきた。業績評価においては、NPM志向の政策評価や行政評価の導入によって、政府組織における業績評価システムの意義を高めようとしてきたが、計画や戦略の実現とプロセスとしての資源配分の意思決定に効果的に影響を及ぼすことができてきたかという点では、必ずしも成功してきたとはいえないだろう。

そこで、本章では、予算制度について、法的な制度ではなく管理会計の視点で、予算編成プロセスの機能に着目し、財務、非財務の会計情報（業績評価情報）の果たす意義について検討した。その焦点は、予算管理における調整活動であり、管理会計システムとしてはごく基本的な視点である。

八尾市の例を見た通り、計画体系を組織目標に落とし込み全体最適を志向すると、水平的、垂直的な調整が重要となる。そして、予算編成プロセ

スにおいて、業績評価情報は個々の施策、事務事業について財務、非財務情報を提供し、相対的な重点化の検討を可能にする仕組みを提供することができる可能性があることがわかる。そして、調整活動は、単に責任権限の組織各階層への展開を意味するだけでなく、調整活動によって、コミュニケーション（インターラクション）が生まれ、計画実現、事業の統廃合、新たな取組みについてのアイデアが生まれる可能性があるといえるだろう。成果指向である点、水平的、垂直的な組織的かつ創造的な活動である点で、増分主義、枠配分、シーリングといった伝統的な予算編成とは区別されるべきものであり、この要素を備えているものを予算企画と呼びたい。このような会計の可能性について、普遍性、有効性を高めるためには、追加的な事例研究、サーベイを必要とする。また、都道府県レベル、国レベルにおいてどのように応用できるかについて検討を重ねる必要がある。

参考文献

- 東　信男（2005）「政策評価制度の課題と展望 ―政策評価法施行後3年を経過して―」『会計検査研究』pp.245-254.
- 大住荘四郎（1999）『ニュー・パブリック・マネジメント』日本評論社.
- 大住荘四郎（2002）『パブリック・マネジメント』日本評論社.
- 大住荘四郎（1997）「ニュー・パブリック・マネジメントによる財政システムの改革」『国民経済雑誌』、第176巻、第6号、pp.91-103.
- 小林健吾（1997）『予算管理講義』東京経済情報出版.
- 総務省（2010）『地方公共団体における行政評価の取組状況』総務省.
- 田中秀明（2011）『財政規律と予算制度改革』日本評論社.
- 手島直明（1993）『実践　価値工学』日科技連出版社。
- 中井達（2005）『政策評価―費用便益分析から包絡分析法まで―』ミネルヴァ書房.
- 古川俊一、北大路信郷（2001）『〈新版〉公共部門評価の理論と実際』日本加除出版.
- 松尾貴巳（2009）『自治体の業績管理システム』中央経済社.
- 松尾貴巳（2010）「自治体における業績評価システムの多様性と有効性」『国民経済雑誌』第202巻　第2号、pp.29-45.
- 松本有二（2006）「プログラム概念の発展について」『静岡産業大学情報学部研究紀

要』第8号、pp.13-35.
- 山口直也（2008）「地方公共団体における行政評価の機能とシステム・デザイン」『会計検査研究』第38号、pp.75-85.
- 山田治徳（2006）「なぜ指標なのか—行政評価の実効性向上のために「比較—改善」サイクルの活用を—」『会計検査研究』第34号、pp.17-32.
- 山本 清（2001）『政府会計の改革』中央経済社.
- Anthony, R. N. ,and V. Govindarajan (2007), Management Control System、McGraw-Hill, NY.
- Flynn、N. (1986), Performance Measurement in Public Sector Services, Policy and Politics, 14 (3), pp.389-404.
- Guthrie, J., O. Olson, and C. Humphrey (1999), Debating Developments in New Public Financial Management : The Limits of Global Theorisig and Some New Ways Forward, Financial Accountability & Management, 15 (3 & 4) , pp.209-228.
- Hood, C. (1991), A Public Management For All Seasons?, Public Administration, 69 (Spring), pp.3-19.
- Hood, C. (1995)、The "New Public Management " In The 1980s: Variations On A Theme, Accounting Organizations and Society, 20 (2/3), pp.93-109.
- Kelly, J.M. (2002), Why We should Take Performance Measurement on Faith (Facts Being Hard to Come by and Not Terribly Important), Public Performance & Management Review, 25 (4), pp.375-380.
- Poister, T.H. (2003)、Measuring Performance in Public and Nonprofit Organizations, CA : Jossey-Bass.
- Simons, R. L. (2005)、Levers of Organization : How Managers Use Accountability Systems for Greater Performance and Commitment, Harvard Business School Press、Boston,（谷武幸ほか訳（2008）『戦略実現の組織デザイン』中央経済社。

第3部
公共経営と公会計改革の実践例

第9章

日本における公共経営と公会計改革の実践例
（静岡県―「変える」ための改革―）

1　行政改革の背景

　自治体において、行政改革の取組は久しく続けられてきたにも関わらず、目に見える成果が現れているとは言い難い。個人的見解であるが、これは行政改革が「削る」ことを目的として行われているのが一つの要因ではないかと考える。

　この場合、削る対象としてイメージされるのは予算・人員であるが、それらは行政活動（＝仕事）を行うための資源である。資源の部分のみを削ろうとしても、仕事の中身が同じである限り、必ず限界がある（**図表9-1**）。例えば、ある商品をより安く仕入れようとしても、商品の性能が同じであれば、これ以上は安くできない、という価格が存在することと似ている。

　仕事の中身に手を付けずに、資源の縮小のみを追いかける行政改革は、不可能を可能にしようとしていることに等しい。

　そこで、仕事自体を削ろう、という発想が生まれる。事業仕分けはその典型的手法であり、必要性の低い仕事をやめるのが目的の一つである。

　ただ、図らずも事業仕分けでの議論を通じて明らかになったように、ある仕事を「必要性が低い」、と断定するのは簡単でない。例えば文化・芸

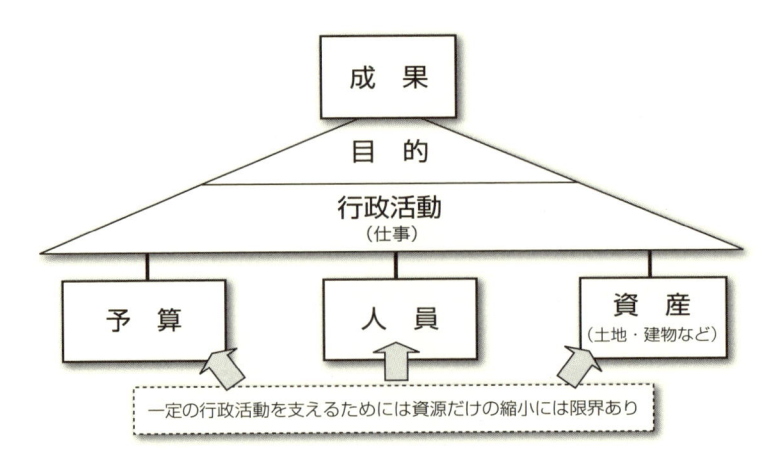

図表9-1　資源と行政活動（仕事）の関係

術などはその典型で、ある人には必要ないかもしれず、ある人には生きていくのに不可欠なものであるかもしれない。

　仕事自体を削っていくのは、大胆な見直しを行うことになるが、価値観が千差万別である現代社会において、しかも行政サービス水準が低下するリスクを冒してそれを行うのは、政治的リーダーシップをもってしても難しい。

　ここで発想を変えてみると、安く商品を仕入れること、商品の購入をあきらめることより、その商品を使わないでも済む別の方法を見つけることの方が効果は大きい。もしくは、同じ商品を使うにしろより効果的な方法を考えてもよい。つまり、仕事のやり方を「変える」ことである。

　行政の目的が、社会の状況を改善することであるとすれば、行政改革とはその目的を達成するための仕事をより能率的に、効果的に行うために「変える」こと、である。「削る」ことはその一面しか捉えていない。本来「削った」状態は、「変える」ことの結果として生じるものである。

　静岡県の行政改革は、この「変える」をねらって行われてきた。筆者は幸運なことに、現在その現場にいる。具体的にどのような手法により「変

える」に挑戦してきたのかについて、御紹介したい。

2　リエンジニアリングをテーマとする行政改革

「リエンジニアリング」という言葉が、静岡県の行政改革の一つのキーワードとなっている[1]。一言でいえば「ゼロベースで変える」ということである。節約型（＝「削る」ため）の改革には限界があるとして、平成6年度から開始された一連の取組の中で、一貫して使われている[2]。

リエンジニアリングをいかにして組織の体質としてインプットするか、ということは行政改革の中での大きなテーマであり、試行錯誤の末、現在は
・施策展開表
・ひとり1改革運動
・県民参加型の事業仕分け
の三つの取組を軸に展開している。

(1) 施策展開表（平成9（1997）年度～
　　なお、23（2011）年度までは「業務棚卸表」）

施策展開表とは、施策（＝行政活動、仕事）をより効果的に展開するための方向性を考えるために、目指すべき成果（アウトカム）とそこに至る筋道（ロジックモデル）を「見える化」したもの、である。全ての課で毎年度作成し、行うべき仕事の「作戦書」として、活用を図っている。「図表9-2」では、施策展開の構造を、分かりやすいように架空の城攻めの例

---

[1]「行財政改革は、…単なるコストダウン、行革のための行革ではなく、業務の根本的な見直しと最適化という、リエンジニアリングの考え方がベースになければならない。本県の行財政改革は以前からこうした考え方に基づいて行われ、…」（『平成23年度静岡県行財政改革委員会意見書』P1。静岡県ホームページ
http://www.pref.shizuoka.jp/soumu/so-030a/gyoukakusuisiniinkai.html参照。）

[2] 静岡県の行財政改革の取組の経緯については、『県庁を変えた「新公共経営」』（静岡県編著（2008）・時事通信社）に詳しい。

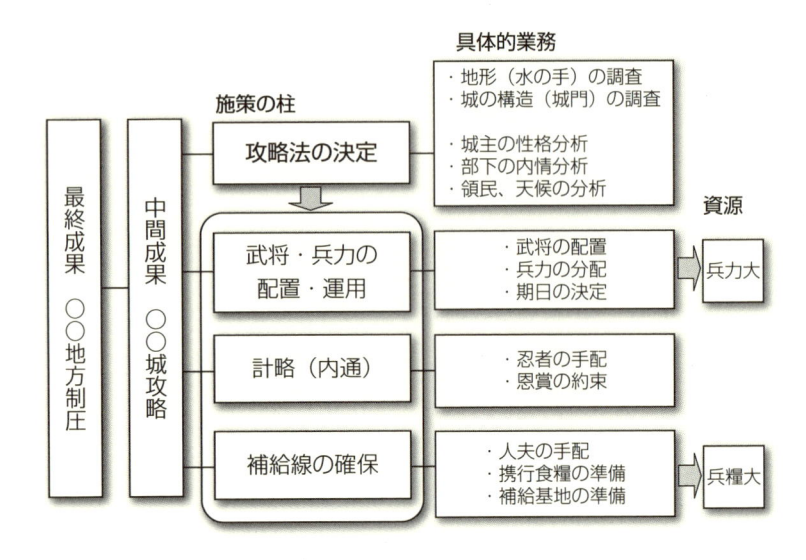

図表9-2　施策展開（ロジックモデル）の構造

で示してみた。

　直接的な効果が測りにくいこともあり、導入時から現在まで庁内で様々な議論を呼んでいる手法であるが、例えば戦国武将が城攻めをする場合、やみくもに攻めるのと、最低でも**図表9-2**くらいのことを準備して行動するのとを比べれば、より効果的に目的を達成することができるのは後者であろう。これこそが施策展開表の意義である。

　行政活動は、社会のあらゆる課題に対応しなければならず、実際には**図表9-2**のように単純ではない。目的やその達成のための手段を整理することは、特に複雑な行政活動においては必要なことである[3]。

　ただ、課題もある。施策展開表は、状況の変化に伴い内容も変化させることで「変える」機能を持続的に発揮することができる。しかし、一度

---

[3] さらに言えば、作戦の遂行単位である組織も、作戦に合わせて整理した方が効率的である。静岡県では平成10年度に組織を目的別に再編成した。『県庁を変えた「新公共経営」』P27参照。

作ってしまうと大きな更新が行われにくい傾向にある。それにより、かえってその内容に拘束され、自由な発想の足かせとなる恐れもある。

そのため、平成24年度から目的により近づける、という意味を込めて、名称を「業務棚卸表」から現在のものに変更し、また表の自由な修正をしやすくするための支援データベースの構築などを行っている。今後も、仕組みや様式の見直しは常に検討していく必要がある。

(2) ひとり1改革運動（平成10（1998）年度〜）

民間企業で行われている改善活動と類似のものであり、身近なところから自ら進んで行う改善を促進する、ことが目的である[4]。

この仕組みは、「誰でも、いつでも、何でも」「マネ・パクリ大歓迎」「ほめる」など、いくつかのキーワードで表すことができる。簡単に流れを紹介すると、改善を何か実施した場合、業務で使用しているパソコンのデータベースから内容を報告する。個人がいつでも入力でき、全職員が閲覧できる。内容を見て同じことをやった（または既にやっていた）場合、「私たちも実施」というボタン一つで登録できるようになっている。

この中で優秀な事例は月間賞、または年間表彰の対象となる。年間表彰事例の中で特に優秀なものは、民間企業、市町職員なども招待して行う年間表彰式でプレゼンテーションを行い、知事・有識者等の審査により、グランプリがその場で決定される[5]。

「変える」が実際に行われているかどうかを示すバロメーターとして、この運動でどれだけの実績が報告されているか、ということは重要である。

---

[4] ひとり1改革運動については、『県庁を変えた「ひとり1改革運動」』（静岡県―（財）静岡総合研究機構編著（2007）―時事通信社）を参照。この運動は言わば「何でもあり」で、QC活動のように一定の手法を活用しているわけではない。

[5] 24年度の年間グランプリ等表彰事例は、静岡県が発行している「県庁のしごと改革ニュース」17号「ひとり1改革運動の取組成果」（平成24年4月発行）」に詳しい。（静岡県ホームページ http://www.pref.shizuoka.jp/soumu/so-030a/kenminkouhou.html）

後ほど、詳しく見てみることとしたい。

(3) 県民参加型の事業仕分け（平成21（2009）年度以降・県民参加型に大きくシフトしたのは平成23（2011）年度から）

「施策展開表」「ひとり1改革運動」は内部的見直しの手法であるが、「事業仕分け」は外部、特に県民の視点を取り入れるための方法である。

事業仕分けには、「総量削減」的な意義と、「住民協働」的な意義の二つがあると考えられる。静岡県の実施方法は、平成21、22年度に前者の視点が中心であったが、23（2011）年度以降は後者の視点に大きくシフトしている。

平成21（2009）、22（2010）年度の事業仕分けは、政策的な主要事業全般を対象に実施し、直接的効果として約35億円の一般財源捻出を行った。ただ、具体的に何をどう改善すべきか、県民が中立の立場でどのように判断するのか、ということについての情報は十分に得られなかった。

そのため、23（2011）年度からは「県民評価者」方式を導入している[6]。これまでの方法は、事業の是非について有識者等と県職員が議論を行い、有識者等が判定を行う、というものであった。県民評価者方式では両者が議論を行うまでは同じだが、無作為抽出で選ばれた県民評価者（24（2012）年度は112名が参加）がその内容を聞いており、判定は県民評価者が行う。

また、22（2010）年度以前は有識者等は30分間の議論をしながら、具体的な改善方法等のコメントを手持ちのシートに記載するため、十分なコメントの記載が困難であった。県民評価者方式では、24（2012）年度は議論を60分に延長し、また評価者はその間、コメントを記載することに専念できるため、結果として多くの具体的改善意見が寄せられた。24（2012）

---

[6] 事業仕分けを考案した「構想日本」が推奨する「市民判定人方式」のこと。都道府県では長野県に次いで2番目の実施例である。

年度当初予算編成では、事業仕分けでいただいたコメントのおよそ6割が事業の内容に反映された。

　公共経営の主役は住民とされる。例えば、大規模地震の際には住民や自治会の自助・共助がないと危機を乗り越えることはできず、行政ができることは下支えやコーディネートが中心である。これはあらゆる行政分野について言え、最終的に社会の状況を改善することができるのは、住民自身に他ならない。

　具体的な手法はさらに検討すべきであるとしても、今後、住民との協働で「変える」ことの重要性が増してくるのは、自然な流れであると考えられる。

3　行政改革の成果　～どれだけ変わったか～

　こうした取組の結果、何らかの成果はあったのか。最終的には、どれだけ社会の状況が改善されたか、というところにそれを求めるべきである[7]。しかし、社会状況の改善を示す指標（アウトカム指標）は、住民活動そのものに依存し、また社会状況の変化の影響を大きく受けやすい厄介なものであり、行政活動の成果を直接反映しているとは言い難い。

　ここでは、どれだけ変わったか、ということに注目したい。その指標として、「ひとり1改革運動」の取組実績を見ることにする（図表9-3）。

　平成10（1998）年度に運動開始以来、16（2004）年度に「ひとり1改革」（職員1人当たり件数が1件を超える）を達成し、それを維持している。都道府県を対象とした静岡県調査（平成17（2005）年度～）によれば、それぞれ仕組みが異なるので単純比較はできないが、取組件数では調査開始以降の累計、24（2012）年度の取組件数とも、全国で最高の実績を残し

---

[7] 総合計画の進捗状況の評価については、『"ふじのくに"づくり白書』として公表している。静岡県ホームページ

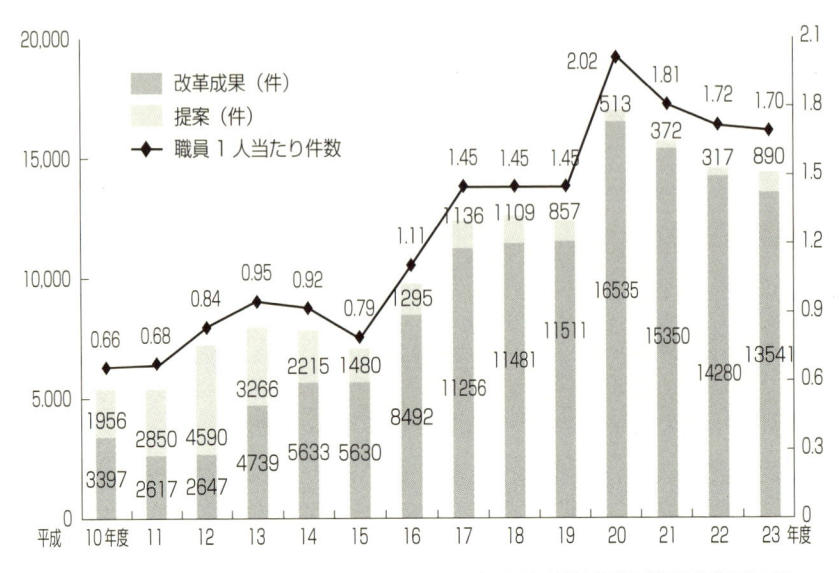

図表9-3 「ひとり1改革運動」の取組実績

ている。

　取組件数が1万件を超えた都道府県は、静岡県以外に2つ存在するが、データ上は1～3年しか継続していない。それと比較すれば、曲がりなりにも静岡県では「変える」が持続している傾向が読み取れる。

　また、取組の質についても、表彰事例が全国的にも表彰されたり、先駆的な事例が全国に広がりを見せたりするなど、一定のレベルを有している。

　「変える」を一時的なものに終わらせないためには、職員が自ら納得して取り組む、ということは重要である。トップダウン型に比べれば一見迂遠に見えるが、ボトムアップ型、グラスルーツ型の手法を展開することは、改革を持続させるために不可欠なものと考える。

　なお、参考に静岡県の一般会計歳出決算額は平成10年度の1兆4千億円余をピークに、現在はおよそ1兆1千億円台で推移し、投資的経費はピー

ク時の約3分の1となっている。

　また、職員数は平成9（1997）年度から比較して約2割・1,432人削減、人口200〜500万人規模の同規模県では、人口1万人当りの職員数は最も少ない状態を維持している。

　行財政環境は非常に厳しい状況にあるが、行政改革の成果も踏まえ、健全財政の堅持に努めている[8]。

　静岡県の行政改革について、課題は山積しているにせよ、個人的には目指す方向性に大きな無理がないことや、何かを「変えている」ということについては、それなりの確信を持っている。

　地域や組織ごとに大きく状況が異なる中で、静岡県の手法が常に通用するとは限らない。ただし、その背後にある考え方については、共有されてしかるべきものではないかと考えている。

---

[8] 静岡県の財政状況については、静岡県ホームページ「静岡県の財政」http://www.pref.shizuoka.jp/soumu/so-110c/index.html に各種資料を掲載している。

第 10 章

日本における公共経営と公会計改革の実践例（北上市）

1　背景

　政府や地方自治体が抱える借金は、バブルの崩壊後、加速度的に増大している。税収が低迷する中、「緊急経済対策」として対症療法の公共投資が加速したことが大きな要因の一つと考えられる。また、公的サービスの提供に伴う費用は、特定の受益に見合う負担金や税で賄われなければならないが、受益と負担の均衡が実現しないまま、負担だけが先送りされてきた事実も否定できない。

　北上市は1991（平成3）年に新設合併した団体である。合併後の新市建設計画の推進時期はバブル崩壊後と重なり、他団体と同様国策に沿って（国策を活用して）、下水道の拡張整備や基幹道路の整備等を一時期積極的に推進し、結果としてそれらのハード事業は「身の丈を超える」ものとなった。国により2004〜2006（平成16〜18）年度の三位一体改革として、国庫補助金負担金改革と税源移譲による地方分権、地方交付税の削減による財政再建が具体的に進められた。当市においては2003（平成15）年頃からその影響と市の将来のあり方を論じている。議論の過程で、三位一体改革の影響による収入減は死活問題であり、公的サービスの提供や政策の実施に伴う受益と負担のバランスが、この先も成り立たない見込みと

なったため、構造的な改革が必要であることを認識した。検討を進めるうち、資産に関する将来費用等の見通しを持つことの重要性から、決算統計による財政分析だけでは不十分で、公会計改革にも取り組んでいる。そして、従来の管理型運営から、合理的で戦略的な行政経営への転換と、市の役割を再検証し、後の「経営改革」に繋がる構造改革に着手した。折しも他団体の多くが「平成の大合併」に取り組んでいた時、当市は合併という手段ではなく、行政経営や構造改革に、市の将来を見出すことを選択している。

　基礎自治体は、国や都道府県との機能連携と役割分担があって存在し得るものであり、民間が担えない公益的役割や市場機能を補うことに使命がある。また、基礎自治体の仕事には国策や広域的な方針によるものも少なくない。北上市においては、まず政策面も含めて国や県等との関係性を確認し、現在の施策が市の担うべきものであるかと、限られた経営資源を投入していく基本的関与のあり方を再検証することとなった。その上で、独自のまちづくりを政策議論し、行政経営と構造改革の両輪が効果的なまちづくりを支えていくことに挑戦している。

2　行財政改革の経緯

　北上市の職員数は、1991（平成3）年の新市発足時の822人から、2011（平成23）年には636人となり、186人22.6％を削減している。市を人口規模と産業構造で分類した「Ⅱ-0」の全国50団体の中でも、2010（平成22）年時点で人口割合での普通会計職員数は4番目に少なく、一般行政職では3番目に少なくなっているなど、これまで一貫して行財政改革に取り組んできている。

　北上市が行ってきた行財政改革は、その内容から三つのステップに区分することができる。①節減及び一律削減期、②構造的改革の検討をしながら一律削減も行う過渡期、③役割検証と税の投入のあり方を議論して具体

的見直しをする構造改革推進期である。また、意思決定等マネジメントの状況においては、「行政管理型運営」と「戦略的行政経営」に区分できる。合併後から継続している定員適正化の推進と組織機構の見直し、補助金負担金の見直し等は、必ずしも節減・一律削減だけによるものではないが、合併特例法による普通交付税の段階的な削減（新市での普通交付税の算定額は、合併をしない状態での算定合計より減るが、その差額を段階的に縮減することで、急減の緩和措置が取られている）に対する減量経営の手法として行っており、根幹には量的削減自体を目的とするものであることから、節減・一律削減型と共通のニュアンスがある。初期ステップに当たる1999（平成11）年には「北上市行政改革大綱」、2001（平成13）年に「北上市行政改革推進計画」、2003（平成15）年には「行財政改革緊急プログラム」を策定している。構造的改革の視点とは異なるが、行政改革推進計画の中には「事務事業評価の開始」が初めて明記され、後に「行政評価の導入」及び「行政経営の推進」として発展することとなる、重要な種も含まれていた。緊急プログラムは、三位一体改革の具体化による財源不足への対応として、88項目で節減や削減の具体的な数値目標を設定するとともに、初めて「市民との協働」や「人事評価制度」、「部等のマネジメント機能の強化」「経営資源の投入のあり方」といった、マネジメント改革に取り組んでいる。なお、マネジメントの状況において、2004（平成16）年頃を境に従来の行政管理型の運営から、戦略的な行政経営への志向に転換している（**図表10-1**）。

　マネジメント改革を進める中で、経営資源の投入にシーリングによる総枠削減を行いながら、市の持続可能性に関する検討と議論を重ね、2006（平成18）年の「北上市行財政構造改革計画」へと発展し、過渡期としての二つ目のステップとなる。以下、マネジメント改革については触れず、構造的改革について説明する。

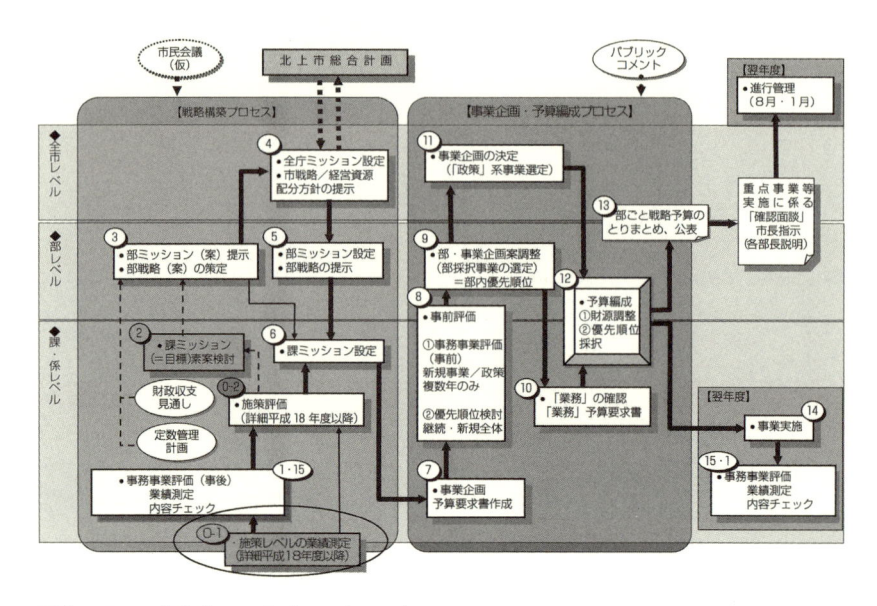

第3部　公共経営と公会計改革の実践例

図表10-1　北上市のマネジメントフロー
(出典) 筆者作成、北上市役所HP掲載

3　北上市における構造的改革への挑戦

(1) 役割検証

　北上市構造改革計画では、実施してきた行政サービスが社会経済情勢の変化で、これまでどおりには維持することが困難になったことから、行政と民間との役割見直しの視点で、市が行っている行政サービス全てで公共性の位置づけを再確認し(公益性と必需性の2軸で構成)、その関与の妥当性と公費投入(市税投入)割合の基礎的な検証を行っている(**図表10-2**)。現在、全国的に取り組みが拡大している事業仕分けとは異なり、施策やサービスごとに共通の基本的考え方を予め整理しておくものであり、その後に事業個別ではなく、面的な改革を実施しようとするものである。

　構造改革計画での役割検証は、「行政サービス検証指針」による概念的

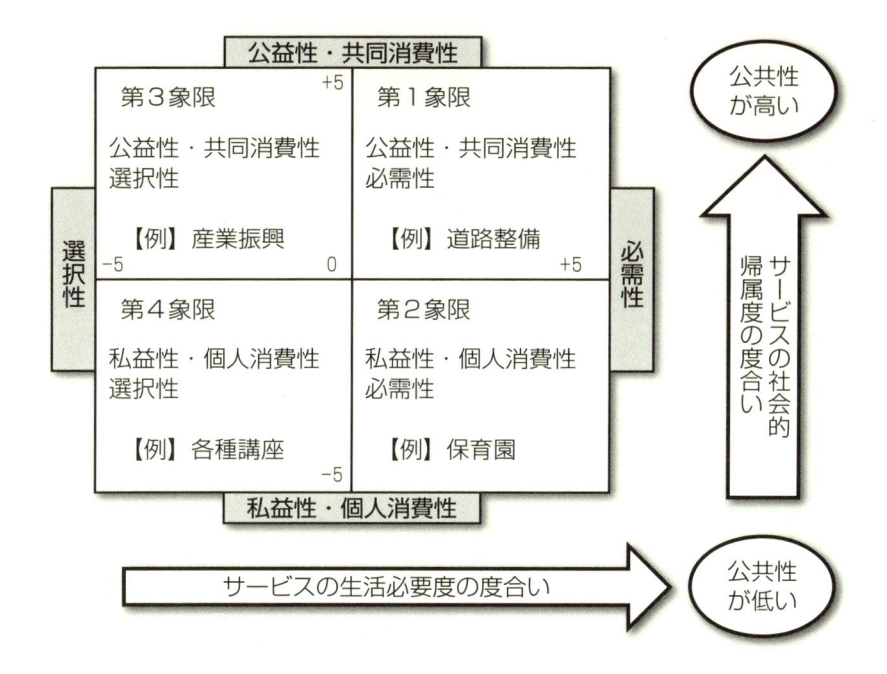

第 10 章　日本における公共経営と公会計改革の実践例（北上市）

```
            公益性・共同消費性
    ┌─────────────────┬─────────────────┐
    │ 第3象限      +5 │ 第1象限          │
    │                 │                  │
    │ 公益性・共同消費性│ 公益性・共同消費性│
    │ 選択性          │ 必需性           │
  選│                 │                  │必
  択│ 【例】産業振興  │ 【例】道路整備   │需
  性│ -5          0  │              +5  │性
    ├─────────────────┼─────────────────┤
    │ 第4象限         │ 第2象限          │
    │                 │                  │
    │ 私益性・個人消費性│ 私益性・個人消費性│
    │ 選択性          │ 必需性           │
    │                 │                  │
    │ 【例】各種講座  │ 【例】保育園     │
    │             -5  │                  │
    └─────────────────┴─────────────────┘
            私益性・個人消費性
```

公共性が高い ↑ サービスの社会的帰属度の度合い

サービスの生活必要度の度合い → 公共性が低い

図表 10-2　公共性の検証概念
（出典）筆者作成、北上市役所HP掲載

整理に止まっているが、2010（平成22）年の「経営改革プロジェクトチーム」（筆者はプロジェクトリーダーの任を務めた）により詳細分析を行い、その結果が北上市行政経営者会議で議論され、2011（平成23）年以降開始の経営改革に結びついている。プロジェクトチームでの作業は、予め業務棚卸表にある全ての業務を3分類し（1.行政サービス等　2.許認可等事務及び行政サービス以外の事務　3.内部管理事務）、その内行政サービス等に該当するものを対象として一定の基準により確認した。ここで区分した行政サービス等とは、市民が直接受益を受ける施策や補助金を含むもので、公債費や基金積立金等を含む2008（平成20）年度決算全体では、約57%を占めている。

必需的で公益的なエリア（第1象限）は、市場原理にはなじみにくく、

行政が関与しなければならないものであり、公費負担を中心として行う。消防・防災、防犯、ごみ処理、義務教育、道路等の基盤整備を対象とした。

必需的で私益的なエリア（第2象限）は、セーフティネットの観点等から行政が関与すべきもので、公費負担が主で受益者負担が従となるものが多い。保育園や生活保護、予防接種、市営住宅を対象とした。

選択的で公益的なエリア（第3象限）は、まちづくりの観点から行政の関与が明確に必要とされる場合に行うものであり、受益者負担と公費負担を原則概ね半々として行う。産業振興、総合運動公園、さくらホール等を対象とした。

選択的で私益的なエリア（第4象限）は、基本的に行政以外で担えるものが多く、民営化、縮小等関与の見直しを検討し、行政の関与は限定的に行うもので、受益者負担を中心とするものである。自治公民館、幼稚園、各種講座を対象とした。

なお、象限だけで実施の優先度等（例　第1＞第4）を決定するものではない。政策議論を行い、個別の事務事業の評価も行いながら決定されるものである。

(2) サービスへの公費投入水準

市における各サービスの公共性を検証した後、「使用料・手数料等検証指針」で象限ごとに税の投入水準の原則的考え方を示しているが、行政評価で得られているコスト情報（個別人件費を含むフルコスト）で、受益者負担の実態を確認した。象限ごとの基本的な考え方は次のとおりである。ただし、法令等で受益者負担の基準が別途定められているもの、公営企業は除かれる。あくまで改善改革のための目安とするもので、個別に詳細を議論していくこととなる。個別の施設や事業等だけで検討するのではなく、サービスのかたまり、全体の中で確認のうえ議論をしていくものである。

・第1象限（必需的で公益的）は、受益者の負担割合の下限を0とする

・第2象限（必需的で私益的）は、原則受益者の負担割合は50%を目安とする
・第3象限（選択的で公益的）は、原則受益者の負担割合は50%を目安とする
・第4象限（選択的で私益的）は、受益者の負担割合の上限を100%とする

　確認の結果、全てのサービスにおいて原則的な水準と実態はかなり乖離していた。例えば第4象限の体育施設（小規模のもの）は、受益者負担が10%にも達していないことがわかった。その解消策が経営改革の具体策の一つとなっていく。

4　北上市における経営改革

(1) 受益と負担の概念

　北上市では2010（平成22）年に、歳入と歳出の両面で取り組む経営改革の必要性を**図表10-3**で住民へ説明している。

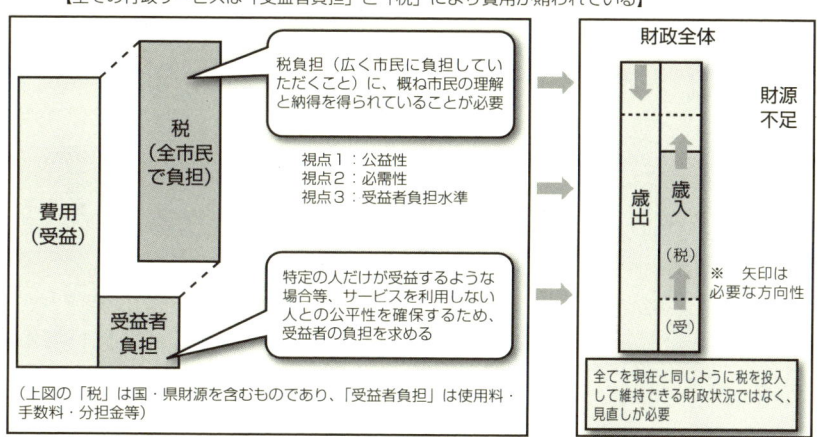

図表10-3　受益と負担の概念、北上市の財政状況
（出典）筆者作成、北上市役所HP掲載

(2) 具体的見直しのプロセス

見直しのプロセスは**図表10-4**のとおりである。使用料・手数料等の料金設定をしているが、施設等個別に独自の免除規定が定められ、拡大適用されている傾向が明らかであったため、市で減額・免除規定を一本化することとした。その上で、受益者負担割合の是正が可能なものと、乖離幅が大き過ぎ是正が難しいものを分類し、是正が可能なものについては料金の見直しをしながらも利用促進を図っていくこととし、是正が難しいものについては、施設の休廃止や民間や地元への譲渡等を検討することとした。

このプロセスは行政サービスの財源として、受益者負担によらない部分が税（国・県財源を含む）により賄われており、税による収入が不足している状況において必要となった見直しである。

受益と負担の見直し（あり方の検討・是正フロー）

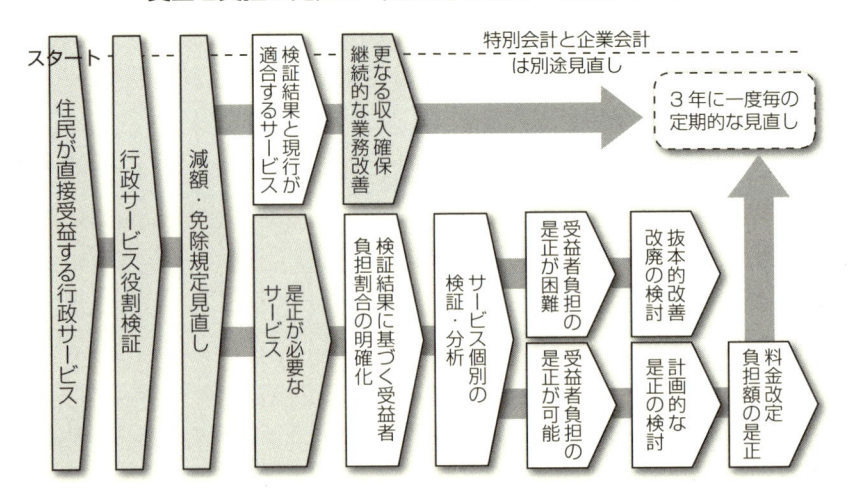

図表10-4　北上市経営改革における施設等の見直し
（出典）北上市HP

(3) 先送りできない負担への対応

　北上市は1962（昭和37）年頃から企業誘致を本格的に推進し、これまで産業振興をまちづくりの柱としてきた。比較的多業種に渡る誘致企業は現在200社を超え、8つの工業団地と産業業務団地及び流通基地に約250社の企業が立地している。これら工業団地等の立地企業による税収は市税全体の約4分の1強を占め、就業先があることで、人口が2008（平成20）年のリーマンショックまで、右肩上がりの増加を続けた。この結果、若者が定住する活気ある町として一定の評価を受けている。

　まちづくりの大きな成果があった一方で、財務状況としては、フロー面での恒常的収入不足に合わせ、ストック面では過去のまちづくりで生じた連結ベースでの大きな負債を抱えており、これ以上先送りできない課題として、経営改革の重要なテーマの一つとした。北上南部工業団地は面積が約200haと市内最大の工業団地であり、バブル期に「北上地区広域土地開発公社」が土地を先行取得し、造成を行ったものである。北上市は誘致企業に土地を売却する場合、土地取得費と企業への売却収入を工業団地特別会計に予算計上し、各年度で土地開発公社から土地を取得している。問題は地価が右肩下がりとなったことで、取得時の単価では分譲できなくなり、処分が進まない部分に土地開発公社の利子が加算され、簿価はさらに上がる悪循環にあったことである。簿価より安く売ることは、最終的には差損分に税を投入することとなるため、早期に売却したくても税を一括して投入する財政的な余力もなく、根本的な解決ができないでいた。とは言うものの、既に政策的に簿価よりも下げて分譲してきたことや、緑地分等の取得で、工業団地会計の累積赤字となる繰上充用額が2009（平成21）年度には約23億円に膨らんでいた。また、「北上地区広域土地開発公社」が抱える土地は約51haで有利子負債は約96億円となっており、市の普通会計の規模が約320億円であったことから、容易には解決できないものであった。しかし、地方財政法の一部改正により、2009～2013（平成21～25）

年度の期間、第三セクター等改革推進債を活用した土地開発公社との一体改革が可能となり、抜本的な改革を進めることとした。

(4) 改革内容

当市の持続的発展のために必要なものとして、次の項目を2010（平成22）年に定め、2011（平成23）年度以降に開始することとした。

i) 土地開発公社の解散と有利子負債の計画償還、工業団地会計の繰上充用の解消

土地開発公社の土地を市が三セク改革推進債で取得（土地開発公社は解散）し、計画的に償還するとともに、早期分譲を促進する。また、工業団地会計の繰上充用は、一般会計から繰り出し（税投入）を10年間継続し、解消する。（第三セクター等改革推進債を活用して土地を取得し、土地開発公社は2011年（平成23）年6月に清算を完了している。）

ii) 公の施設の見直し

・条例廃止27施設（地元移管、統合、休止、廃止、他目的利用）

・その他施設の廃止1　　＜次年度の継続協議8施設＞

iii) 減額免除規定の新設

「北上市公の施設の使用料等減免条例」を制定する。新たに50%減額を新設。

iv) 使用料等の見直し

使用料については全て原則1.5倍に改定（高校生以下は据え置き）する。今後3年に1回見直しを行っていく。

v) 補助金の見直し

廃止、休止、退会：49件、見直し：24件、完了等：24件

別途精査していくものが14件ある

vi) 市税の見直し

2012（平成24）年度以降、7年間税率を引き上げる。

・法人市民税法人税割：12.3%から14.7%に

・固定資産税：1.4%から1.5%に

vii）特別会計等の経営改革

　　基準外繰出の精査（必要性に係る政策的議論も含め）と、各会計における料金負担水準のあり方と、税の投入水準のあり方を今後具体的に議論し、見直しを行っていくこととした。

　　まちづくりの成果と現状の課題を含め、改革の内容について、市内16地区単位で各2回の住民説明会のほか、自治組織の代表者会議や各種団体に対して随時説明会を開催し、議会にも繰り返し説明を実施した。説明の過程でいろいろなお叱りや政策の失敗（人によっては政治の失敗）を問う厳しい意見も当然あったが、今改革に取り組まなければ、取り返しがつかなくなることを説明し、市民の理解を得た。

5　行財政改革と公会計改革

(1)　公会計改革の必要性

　総務省から「新地方公会計制度研究会報告書」及び「新地方公会計制度実務研究会報告書」が2006（平成18）年に公表されている。この時期北上市は行政経営への転換に取り組み、構造的改革の検討も行う行財政改革の過渡期にあった。この状況で当市は、「持続可能なまちづくり」のためには、公会計改革の視点が不可欠であることを行財政改革の取り組み自体を通して痛感していく。

　財政状況が厳しくなると、経営資源の総枠規制により、経常経費の切り込みが各現場で行われ、市全体で「日銭を見出すこと」に追われてしまう。削減すべき部分が残されているのも事実であるが、資産（施設）の有効活用や不要・遊休資産の選別や処分の観点で分析されたものではなく、多くの資産で適切な管理を行うことができなくなり、収入不足に対応するだけ

の「その日暮らし」状態となる。これは意識的にも技術的にも（可視化する術がないという意味で）、官庁会計により現金主義の財政をしてきた結果だと考える。資産性の費用については、整備段階からトータルコストを認識し、中長期の視点で資金計画上の担保があるべきであるが、これができていない。将来に渡る行財政運営の持続可能性を議論するため、受益と負担のあり方を検証していくと、フルコストでの費用の把握、ライフサイクルコスト等将来の費用と負債の把握（試算）が不可欠であることに気づき、自ずと公会計改革に取り組むこととなった。

　2008～2010（平成20～22）年の期間「北上市公会計改革研究部会」を設置し、庁内の若手を中心に40名を超す職員が先導的な研究と準備作業を行った。事務局の財政課職員を中心として、財務4表の作成、財務分析、経営戦略の指標となり得る数値の分析・提起等を行っている。特に新たな公共資産管理手法の導入のために欠かせない、資産台帳の精緻化の作業には、相当の労力をかけて整理を行っている。

　これらの作業の結果、2008（平成20）年度末で、更新が必要とされる償却資産が市全体で1,800億円規模であり、減価償却費が38億円程度となっているものの、今後施設更新のための備えがなく、老朽化が著しい資産種別もあり、身の丈を超えた規模の資産を所有していることがあらためて明らかとなった。公会計改革の視点での問題提起を経営改革に直接リンクすることが理想であったが、実態を市民に説明しながら、できるだけ早くファシリティマネジメントの確立、資産の改廃の必要性を問題提起し、経営改革のさらなる具体化を進めていく必要がある。

(2) 今後の課題

　北上市における構造的改革は始まったばかりである。全国に先駆けて合併し、一定期間を経て、「濡れ雑巾から乾いた雑巾」になった当市の厳しさは、平成の大合併の団体とは異なるかもしれない。数年前にも議論の中

では出ていたものの、具体策としては最後の手段である税の引き上げまで踏み込んだ。しかしながら、下水道事業等の公営企業や特別会計の具体的な改革もこれからであり、市の役割を認識しながら、受益と負担のあり方を検証し、構造的改革の推進と効果的なまちづくりを行っていかなければならない。

　北上市は市民との協働や、総合計画の策定を始めPDCAサイクル全てに市民参画を取り入れたまちづくりを積極的に進めている。市の状況を客観的に示していくことが求められ、今後新地方公会計制度により得られる実態の情報を市民に分かりやすく、説明をしていくことが欠かせない。

　北上市は市民との協働や、総合計画の策定を始めPDCAサイクル全てに市民参画を取り入れたまちづくりを積極的に進めている。市の状況を客観的に示していくことが求められており、今後新地方公会計制度により得られる実態の情報を市民に分かりやすく、説明をしていくことが欠かせない。

第11章

日本における公共経営と公会計改革の実践例（宇城市）

1 背景

　熊本県宇城市は2005（平成17）年1月15日に5町（旧三角町、旧不知火町、旧松橋町、旧小川町、旧豊野町）合併により誕生した人口64,000人の新設市である。宇城市では、新市スタート時点での財政状況と資産・負債の状況を把握するため、2005（平成17）年6月に「総務省方式」による連結財務書類を作成・公表した。これは、「新市の家計簿（貸借対照表等）を作成して、市の財政状況の実態を明確にする」ことによるものである。新市スタート時点での資産・債務の状況を市民に報告し、市民に理解してもらうことで、財政状況に適応した市政の展開を図っていくといった趣旨のものである。

　財務書類を作成後、広報紙に「わが市の家計簿」として掲載され、その一部を「広報うき平成17年7月1日号」から引用すると、宇城市は「「極めて悪い財政状況である」ということです。市町村のランク付けから言いますと、5段階（A、B、C、D、E）評価で最低ランクの「E」という報告であり、「今までそれぞれの自治体が体力以上に投資してきたことが原因である」とのことでした。通常2対1程度であるべき正味資産と負債が1対1の割合になって」いるということであった。

2005 (平成17) 年6月定例議会行政報告の中で、総務省方式の連結財務書類を提出し詳細な報告を行っている。その中で、財務書類作成の目的について、以下の4点であることを説明した。

①新市として新たにスタートを切るにあたって、市の財政状況を明らかにする。
②宇城市の社会資本整備の状況、将来負担の状況を把握することで、今後の行財政運営に活用する。
③行政コストの削減余地、費用対効果を検証することで、今後の行政改革、財政改革を進める上での方針策定の基礎とする。
④財政計画の検証を行う。

2　財務内容

　財務内容についても、非常に悪い財政状況で、宇城市財政計画では、2005 (平成17) 年度から2014 (平成26) 年度にかけて160億円の合併特例債を含め352億円の地方債発行を予定している。そのため、これを活用した社会資本形成により、平成26年度末の有形固定資産は711億円と、2003 (平成15) 年度末時点と比較し2%程度増加することになる。しかし、過去の有形固定資産の増加率と比較すると、平成6年度末から2003 (平成15) 年度末の10年間の増加率は38%であり、合併後の資産形成は低く抑えられていることがわかる。一方、地方債は、2003 (平成15) 年度末の残高335億円から、2014 (平成26) 年度末では361億円に増加することが予想される。その結果、将来世代の負担を表す有形固定資産に対する地方債の比率は、2003 (平成15) 年度末の47.8%から平成26年度末では50.8%と悪化しており、今後、将来世代の負担が増加することがわかる。また、同じく、過去及び現世代の負担による資産形成を表す有形固定資産に対する正味資産の比率は、2003 (平成15) 年度末の60.5%から、2014 (平成

26) 年度では54.3%へと低下している。このまま特段の対策を講じなければ、負債と正味資産の比率が現在の1対1からさらに悪化し、次世代の負担が増すばかりでなく、財政再建団体へ陥る可能性があるとの結果であった。このことから、合併後の資産形成は、これまでにない抑制を行っているが、それでもなお、将来世代の負担が増加傾向になることがわかってきた。今後、新たな資産形成を行う場合には、その費用対効果を十分に検討した上で、必要な資産に「選択と集中」を行う必要がある。それを踏まえて下記の目標指標の設定を行った。

合併直前の2003（平成15）度の旧5町を合算した財務書類をベースとして、「純資産と負債の比率を1対1から1.5対1にする」という目標を設定
- ❖ 純資産比率
  2003（平成15）年度　50.6%　→　2014（平成26）年度　60.0%
- ❖ 行政コスト対税収等比率
  2003（平成15）年度　89%　→　2014（平成26）年度　100%
- ❖ 人件費総額
  2003（平成15）年度　5,475百万円　→　2014（平成26）年度　20%程度の削減（全国平均程度）

2007（平成19）年3月議会では、「バランスシート自体、一般にはなじみが薄く、また職員も、バランスシートが意味するところの厳しさを理解されているとは思われず、市民及び職員がこのことの理解を共有しない限り、本当の改革に入っていけないのではないか、そのためには類似団体との比較をするなど、もっとわかりやすく市民に知らせる必要がある」との指摘もあった。

2008（平成20）年2月議会では、本市の資産の状況についてわかりやすい説明が求められ、将来負債と正味資産の比率を1.5対1にするための具体的な方法に質問があった。そこで、2006（平成18）年度末連結決算に

おいて、公共資産が1,240億円、投資等が60億円、財政調整基金等の流動資産が54億円、本市の資産合計は1,363億円、市民一人当たり213万円であるなどの説明を行った。次に、正味資産と借金の比率の1対1の件については、合併直前の2003（平成15）年度の旧5町を合算したバランスシートでは、資産合計が837億円に対して、正味資産が423億円、負債合計が414億円、すなわち約1対1の比率であるのに対して、比較他市は総資産に対する正味資産と負債が2対1の比率となっており、本市の将来負担の割合が極めて高い状況にあることを意味している。これらを踏まえ、正味資産と負債の比率を1.5対1にするという目標を達成していくための具体的な取り組みとして、以下を改革項目として具体的に設定して取り組みをはじめた。

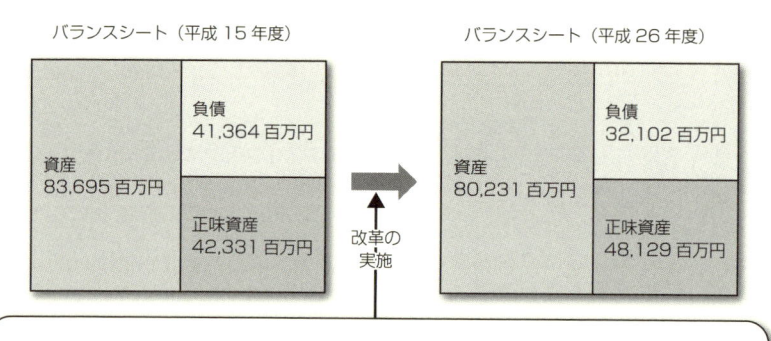

バランスシート（平成15年度）

資産 83,695百万円
負債 41,364百万円
正味資産 42,331百万円

改革の実施

バランスシート（平成26年度）

資産 80,231百万円
負債 32,102百万円
正味資産 48,129百万円

〈改革項目の設定〉
①平成26年度にかけて人件費総額を20%程度削減する
②事務事業の見直し、施設の統廃合などにより、物件費を毎年25百万円ずつ上乗せ削減する
③扶助費の内容を見直し、毎年20百万円ずつ上乗せ削減する
④一部事務組合の効率化等により、補助費等を平成21年度までに毎年40百万円ずつ上乗せ削減する
⑤操出先の財政健全化などにより、操出金を毎年40百万円ずつ上乗せ削減する
⑥受益者負担の見直し、新たな財源の発掘により、毎年11百万円ずつ歳入額を上乗せする
⑦遊休地、施設の統廃合で不要となる資産を毎年120百万円ずつ売却する

図表11-1　バランスシート改革

3　具体的施策

これらの取り組みを達成するため、宇城市では「施設白書作成・公表」、「施策別財務書類の作成」、「固定資産台帳整備」、「アニュアルレポート」等を通じて「公会計改革」に取り組んでいる。

①「施設白書」

合併前旧各町において施設の整備を進めてきたが、施設整備後の維持管理経費、地方債債務の増大等、財政運営に大きな影響を与える要因となっている。また、今後の有形資産形成は、維持管理費増加の要因となることが予想されることから、資産の費用対効果を検証し、全体の観点から資産管理のあり方を見直す必要が出てきた。そのため、施設の統廃合を含む活用策及び今後の施設のあり方を十分検討し、改築・改修の計画や維持管理経費を推計分析するとともに、問題点及び管理運営の改善策等をまとめた「施設白書」を策定し2008（平成20）年3月に公表した。施設担当者自らが施設別のバランスシートと行政コスト計算書を作成し、施設ごとの資産・負債の状況、人件費や減価償却費なども含めたフルコスト、コストに対する受益者負担の状況を明らかにするとともに、これらを事業評価などの有効なツールとして活用することができ、効率的な施設運営を考えるきっかけにもなっている。

具体的には、効率的な事務事業推進のため、現状の施設利用状況を把握しその施設の必要性や機能面で類似する施設がないか、また、利用状況に応じ施設の環境は適切であるか等を検証してより効率的な管理運営に努めている。2008（平成20）年度の取組みとして、三角公民館と三角センターの施設のあり方を見直すなかで、公民館類似施設として利用されている三角センター機能性向上の改修工事を実施し、料金体系を公民館同等に変更する等の条例改正を行った。その結果、利用状況・施設の機能及び今後の

維持管理を十分検討し、三角センターについて公民館機能を兼ね備えた複合施設として運営し、三角公民館は老朽化のため解体した。

②「施策別財務書類」

財務書類を行政経営の羅針盤として活用するために、行政評価制度や総合計画と連携させるため、総合計画の進捗管理として財務書類を活用している。具体的には、5大政策と45の施策の貸借対照表と行政コスト計算書を作成することにより、人件費や減価償却費なども含めた政策・施策のフルコスト、受益者負担の状況が明らかになる。これらを政策評価などの有効なツールとして活用することができ、効率的な行政運営や、職員のコスト管理意識を考えるきっかけにもなっている。

③「固定資産管理台帳」

宇城市は、総務省方式改訂モデルに基づき、有形固定資産の算定には、売却可能資産から段階的に資産情報を整備していくアプローチを採用していて、現在は1969（昭和44）年度以降の決算統計有形固定資産情報を利用している。現在、固定資産管理台帳の検証を行っているが、さまざまな問題点が出てきている。例えば、取得年月日が分からず、その調査に時間がかかる。取得財源の内訳が補助金の実績報告書等がないため分からない等が出てきている。しかし、決算統計データで見えなかった1968（昭和43）年以前の有形固定資産、除売却されている有形固定資産の反映など、固定資産台帳の精緻化に大きく役立つ。今後は、行政評価制度や総合計画と連携させるため、施設別の資産データ・事業別のコストデータ整備も視野に入れた固定資産データベースの構築を目指している。また、このデータベースは政策決定の優先度把握にも有効であると思われる。

④包括年次財務報告書（アニュアルリポート）

宇城市では、2007（平成19）年度に「新地方公会計制度実務研究会報告書」を受け、「総務省方式改訂モデル」による連結財務書類を作成し、「宇城市包括年次財務報告書」（アニュアルリポート）を作成した（詳しくは宇城市ホームページ（http://www.city.uki.kumamoto.jp/）参照）。アニュアルリポートの作成にあたっては、「公会計改革研究会」の研究部会（部会長・小林麻里・早稲田大学大学院教授）にご協力いただいた。アニュアルリポートは、市民や議会、職員、投資家などの利害関係者に向けて、事業概況や財政状態、運営状況などの経営状況を報告するものである。分かりやすい財務書類の公表だけではなく、各自治体が統一した開示基準による財政状況を公表することにより、各自治体における「行政経営」の目標達成に向けた羅針盤としての機能を持たせることを念頭に置いている。

今回作成した宇城市アニュアルリポートは、(1)「はじめに」（宇城市を取り巻く環境や今後の市政方針）、(2)「財務報告」（財務書類とその解説）、(3)「統計情報および将来に関する情報」（各種統計情報、今後の財政計画など）の3部構成となっている。これにより現状の姿と今後の財政運営の考え方を示すことで、市民への説明責任を果たすとともに、財政の透明性を高め、市民との良好な関係を築くことが狙いである。こうした財務諸表はある程度の専門知識がないと理解するのは困難である。しかしながら、宇城市アニュアルリポートは、民間企業が企業の現況や今後の事業計画等をわかりやすく説明するのに倣ってまとめたため、ある程度わかりやすくなっていると思われる。ただし、アニュアルリポートを公表しても、市民からの反響は聞こえてこないため、市民の誰もが理解できるという点ではまだ不十分であろう。次はどのように改善すれば広く読んでもらえるかがテーマである。また、内容を理解できる職員は一部であるが、財政分析を行い、情報公開するということを職員一人ひとりが認識していかなければならない。

4 貸借対照表でみてみる

おわりに、宇城市の公会計改革を総括し、宇城市の貸借対照表で2005（平成17）年度から2010（平成22）年度の経過を見てみる。

(単位：百万円)

借　方【将来世代に引き継ぐ社会資本】				貸　方【将来世代の負担】			
資産の部	平成22年度	平成17年度	増減額	負債の部	平成22年度	平成17年度	増減額
1 公共資産	90,911	86,550	4,361	1 固定負債	36,134	37,025	△891
(1) 有形固定資産	90,241	85,624	4,617	(1) 地方債	30,256	30,685	△429
(2) 売却可能資産	670	926	△256	(2) 長期未払金	173	0	173
2 投資等	7,732	7,966	△234	(3) 退職手当引当金	5,705	6,340	△635
(1) 投資及び出資金	6,438	6,305	133	2 流動負債	3,570	2,959	611
(2) 貸付金	303	200	103	(1) 翌年度償還予定地方債	3,290	2,627	663
(3) 特定目的基金	545	1,081	△536	(2) 未払金	29	0	29
(4) 長期延滞債権	571	500	71	(3) 賞与引当金	251	332	△81
(5) 回収不能見込額	△125	△120	△5	負債合計	39,704	39,984	△280
3 流動資産	4,959	3,201	1,758	【現世代までの負担や国県からの補助金】			
(1) 現金預金	4,852	3,081	1,771	純資産の部	平成22年度	平成17年度	増減額
(2) 未収金	107	120	△13	純資産合計	63,898	57,733	6,165
資産合計	103,602	97,717	5,885	負債・純資産合計	103,602	97,717	5,885

図表11-2　普通会計貸借対照表

　負債の軽減などが図られてはいるものの、依然として資産に対する将来世代の負担割合が高いということが分かる。資産の多くは道路や学校、庁舎などの公共資産であり、将来世代も利用するものであるため、住民負担の世代間公平という点からすると、一概に現世代までの負担割合が高い方がいいとは言えないが、財政の健全化から考えると、将来世代への負担割合は低い方が望ましい。将来世代の負担を減らすためには、歳出削減に努めながら、借金（市債）を減らし、なおかつ預貯金（基金）を増やすことが肝要である。

第12章

海外における公共経営と公会計改革の実践例（米国・ポートランド市）

1　米国におけるMfRへの動き

　「結果を志向する政府マネジメント」（Managing for Results: MfR）の概念は決して新しいものではない。米国連邦政府においては、『政府業績成果法』（Governmental Performance and Results Act of 1993: GPRA）が、戦略計画と業績評価のリンケージを中核とするマネジメント・システムの構築と運用を行政機関に義務付けており、まさに中央政府におけるMfRの実践と位置づけることができる[1]。

　MfRに向けた全米的な動きは、州及び地方政府においても顕著であり、本書第5章2（2）で取り上げた政府業績プロジェクト（Government Performance Project: GPP）の2002年報告にも明らかである。すなわち、GPPによれば、州、都市、郡が広範にMfRを採用しており、32州が立法に組み込んでMfRを実施するとともに、市レベルでは、68.7%が市長室主導でMfRを推進していることが示されている［The Maxwell School

---

[1] 連邦政府は、この後2002年の『大統領マネジメントアジェンダ』において、予算を結果、アウトカムに明確にリンクさせることを目的とする個別プログラムの業績評価の的確な実施と予算管理プロセスの効果を高めるイニシアチブを設定し、結果志向の政府マネジメントを提示している。この連邦政府の取組は、2004年8月に公表された『結果を志向する連邦政府』（*Federal Government is Results-Oriented*）にも明確に示されている。

of Citizenship and Public Affairs, 2002, p.156］。これらの動きはまた、州及び地方政府の予算編成に関する全米諮問委員会（National Advisory Council on State and Local Budgeting: NACSLB）、政府財務担当者協会（Government Finance Officer's Association: GFOA）、公会計基準審議会（Governmental Accounting Standards Board: GASB）をはじめとする数多くの専門職業団体の積極的な調査・研究、原則・基準の設定により支援され、効果的な政府マネジメントを促進する原動力となっている。

2 MfRの意義

　MfRはいかに定義されるのか。GPPによれば、MfRは、公共経営改革アジェンダをこの十年以上にわたって支配した考え方であり、業績を改善することを目的として、公共部門を変革する有力な改革理念とされるが、その構成要素は明確に定義されていない。しかし、MfRの中核的な手続的側面として、「戦略計画及び業績測定の所定のプロセスを通じて業績情報を創出し、提供すること」が挙げられることについては、一定のコンセンサスが得られていることが指摘されている［The Maxwell School of Citizenship and Public Affairs, 2002, p.153］。これによれば、MfRの本質が、戦略計画と業績評価という政府マネジメントの大きなサイクルにおける業績測定情報の効果的な活用にあることは明らかである。このことは、GPPが、MfRを実施しているか否かを測る尺度として、次の4要素を挙げていることにも明確に示されている［The Maxwell School of Citizenship and Public Affairs, 2002, p.232］。

　①政府が、結果を指向する戦略計画を採用していること。
　②政府が、結果及び達成に向けた進捗度を測定することができる指標及び評価データを開発していること。
　③リーダーとマネジャーが、政策決定、マネジメント及び進捗度の評価に、結果に関するデータを活用していること。

④政府が、その活動の結果をステイクホルダーに明確に伝達していること。

これらに示されている4要素、すなわち、a）戦略計画の設定、b）業績測定指標・評価データの開発、c）意思決定における評価情報の活用、d）ステイクホルダーに対する結果の伝達、を包括するものとして、ポートランド市監査人局監査サービス部門は、MfRを次のように定義している〔Office of the City Auditor, Portland, Oregon, 2002, p.2〕[2]。

「MfRは、政府のマネジメントと一般市民がミッション、目標及び目的に継続的に焦点を当て、結果情報を意思決定、マネジメント、一般市民に対する報告に統合するプロセスである。」

このプロセスは、次の4つの組織行動を構成要素としている。すなわち、第一に、長期目標および短期目標の設定、第二に、資源配分におけるこれらの目的の留意、第三に、結果を達成するためのプログラムの管理運営、第四に、結果の報告、である。これらの一連の行動によって、政府が望ましい目標に向かって、その進捗度を決定し、効果的なマネジメントを実現することが可能となるのである。

これらに示されるMfRの特質は、基本的なマネジメント原則の特質と異なるものではない。すなわち、結果に焦点を当てたマネジメント・アプローチには、明確なミッションと目標に対する理解が求められるのであり、その結果、プログラムがその目標を達成するよう支援され、目標の達成状況に関する情報が収集され、報告される。まさにDruckerが指摘する成功する組織の4要素、すなわち、a）明確なミッション及び目標の確立、b）優先順位の設定、c）業績測定、d）結果の評価が、MfRにおいても同様に「重要な成功要因」（Key Success Factor: KSF）であるといえる。

MfRを効果的に実施することにより、いかなる便益が得られるのか。ポートランド市監査人局は次の7つの便益を列挙している〔Office of the

---

[2] 同報告書は、市監査人局が「体系的なマネジメントの設計図」として、さまざまな状況において機能するアプローチを提示するものであり、「市のマネジメント実務を改善し、公共に対するアカウンタビリティを履行する」ものとされている。

City Auditor, Portland, Oregon, 2002, p.4］。
　①政府が最も重要である活動に焦点を当てることによって、サービスの量と質を最大化するのに役立つ
　②厳しい経済状況の中で希少な資源をよりよく配分することに役立つ
　③議会が優先順位を識別し、組織を「適正規模」にし、マネジャーがアカウンタビリティを果たすことに役立つ
　④マネジャーが市の優先順位に留意して、計画を設定し、実施するのに役立つ
　⑤職員が業績に関する問題を認識し、取り組み、成功から学習する動機付けとなる
　⑥納税者とのコミュニケーションを改善し、政府に対する信頼を構築する
　⑦政府のアカウンタビリティに対する市民の要求に応える
　これらの便益は、わが国の地方自治体のマネジメント改革に求められる要素をまさに包括するものといえよう。

3　ポートランド市におけるMfRモデル

(1)　ポートランド市におけるMfRへの取組

　このようにMfRの要素は極めて基本的なものであるが、政府組織に適用して、現実に結果を生み出すマネジメント・システムを確立し、運用することは容易ではない。ポートランド市では、すでに1970年代から、しかも他の地方政府や他の機関との連携を通じて、さまざまな改革努力が重ねられている。その取り組みは、1973年のマネジメント分析・レビュー（Management Analysis and Review: MAR）を実施する組織の設置とMARによる行政機関の徹底的なマネジメント・レビューの実施を嚆矢として、1977年にはゼロベース予算、目標設定及び業績測定の導入、1983年に市監査人局内部監査部門による業績監査の実施、同部門による予算

要求に対する業績測定情報の提供、1991年には戦略目標及び目標達成のための行動計画の識別、監査サービス部門による最初の「サービス努力及び達成報告書」(Service Efforts and Accomplishments report: SEA report)[3]の発行、1994年のコミュニティ・ベンチマークの創出、実施、行政管理予算局による目標設定プロセスとしての「包括的組織レビュー及び評価」(Comprehensive Organizational Review and Evaluation: CORE)の開始、1995年における市相互の業績評価を改善する全米規模のプロジェクト（ICMA project）に対する参加、さらに「あなたの市／あなたの選択」という政策と支出の優先順位について市民のインプットを獲得する努力の開始へと進展している。

　この30年超にわたるポートランド市のマネジメント・システム改革の取り組みの特徴として、市の業績改善、すなわち結果、成果の達成を目的とした業績測定と評価の計画策定および予算への組み込み、アウトプット、アウトカムを享受する市民を巻き込んだ市の戦略的挑戦課題の識別、を挙げることができる。市監査人局監査サービス部門による業績監査の実施とSEA報告をはじめとする業績評価情報の活用、行政管理予算局（Office of Management and Budget: OMB）による目標設定プロセスの着手、さらに重要な課題に向けての市議会、行政管理財務局（Office of Management and Finance: OMF）[4]、市監査人局の連携は、効果的なMfRシステムの設定と運用を可能にする基盤を形成するものと言うことができる。

---

[3] SEA（Service Efforts and Accomplishments）報告は、米国公会計基準審議会（Governmental Accounting Standards Board: GASB）が州及び地方政府の財務報告に必要な情報であることを明確化したものであり、地方政府の業績評価システムの確立に重要な意義をもつものである。SEAのカテゴリーには、サービス努力の測定、サービスの達成度の測定、努力と達成を関連させる測定が含まれる。

[4] ポートランド市においても行政組織の改組が行われている。OMFは、2000年に、財務行政管理局、総務部及び購買部が合併して設置された部局であり、その財務サービス部門は、以前のOMBを包含するものである。

(2) MfRモデルの基本要素

　MfRを構成する主要な要素は、a) 計画策定（Plan）、b) 予算編成（Budget）、c) 管理運営（Manage）、d) 報告（Report）、であり、結果を志向するこれらのマネジメント・サイクルである。効果的なMfRシステムを確立するためにいかなる要素が求められるかについて、ポートランド市監査人局は、数々の先行研究を基礎として、必要とされる要素と具体的活動を抽出している。これらの要素にポートランド市の現行の努力を対応させると**図表12-1**のとおりである。

　現行努力とモデルとの間に存在するギャップにいかに対処するか。市監査人局は、MfRモデルを提示するに当たって、MfR実施に向けたポートランド市の内部環境分析を行った。強みとして、a) 包括的な政策による強力な財務管理能力、b) 計画設定及び意思決定に対する市民の巻き込み、c) 一般市民に対するサービス業績に関する質の高い報告、d) プログラムの効率性及び有効性に関する優れた評価及び監査が、これに対して、弱みとしては、これらの重要なMfRの要素をミッションや市全体の目標と連携させ、体系化する業績測定フレームワークの確立や予算プロセスの問題が識別された。特に、弱みについて、次のような分析と指摘がされていることは重要である［Office of the City Auditor Portland, Oregon, Managing for Results: A Proposal for the City of Portland, December 2002, pp.28-30］。

　第一は、ミッション、目標及び優先順位付けであり、市監査人局が実施した部局に対するインタビューでは、明確な市のミッション、目標、優先順位が欠落していることが有効なマネジメントを実現する上で最も大きな障害であり、さらに優先順位が必ずしも明確でないことが、市の主要な目標を完全に理解せずに、活動のための資金調達の要請や、プログラム設計を困難にしていることが明らかにされている。このため、戦略計画と目標設定がMfRの基礎であることを前提として、2001年11月から、市議会と

第12章　海外における公共経営と公会計改革の実践例（米国・ポートランド市）

MfRの構成要素		具体的活動	市の現行努力
計画	目標と目標達成に組織部門がいかに貢献するかについての合意と共通の理解を確立する。	1 コミュニティ価値とニーズを評価する 2 組織のビジョンとミッションを開発する 3 長期目標と望ましい結果を確立する 4 部門目標と目的を整合させる 5 プログラム、戦略及び業績測定を確立する	『未来フォーカス』(Future Focus) ベンチマーク 市議会のビジョン・目標 市の戦略的課題 部局の戦略計画
予算	目標を達成するために、目的的かつ最適に資源を配分する。	1 財務資源を予測する 2 市民及びステイクホルダーのインプットを入手する 3 資金配分に優先順位を設定する 4 優先順位に基づいて資源をプログラムに配分する 5 予算を監視し、調整する	年次の財務予測及び計画 予算フォーラム 『あなたの市／あなたの選択』 予算要求 予算監視報告
管理運営（マネージ）	目標の達成を最適化するために計画及び戦略を実施、監視及び改定する。	1 物理的及び人的資源を獲得し、組織する 2 作業努力を指示し、コントロールする 3 計画及び戦略を実施する 4 業績データを収集し、進度を測定する 5 努力を調整し、改定する	市財務マネジメント方針 人的資源、IT、電子政府方針・計画 多様な市全体のイニシアチブ 部局のマネジメント改善努力 労働マネジメント委員会
報告	アカウンタビリティと意思決定を向上させるために、一般市民及び議員に対し評価及び報告を行う。	1 業績を評価し、査定する 2 問題と解決法を識別する 3 結果をマネジメントに伝達する 4 結果を一般市民に伝達する	『採択予算』 『市の状況』 『財務趨勢』 『ポートランド―マルトノマー・ベンチマーク』 『SEA』報告 『連結年次財務報告』

図表12-1　MfRの構成要素とその具体的活動に対するポートランド市の現行の取組対比表
(出典) Office of the City Auditor Portland, Oregon, *Managing for Results: A Proposal for the City of Portland*, December 2002, p.13, p.27に基づき作成

行政部局マネジャーが市の戦略的課題を識別し定義するプロセスを開始したが、まだ十分な効果を得ていない。

　第二は、部局の業績測定フレームワークである。同市には、SEA報告に見られる完璧ともいえる業績測定が存在し、これによる業績測定は部局

の目標に相関しており、しかも信頼できるものといえるが、市全体の目標と明確にリンクしていないこと、さらに業績測定が必ずしも予算書に示されている業績測定と同一ではないため、予算とSEA報告との間に明示的なリンクが存在しないことが、指摘されている。

　第三は、予算様式とプロセスである。プログラム業績と資金調達レベルの関係を明確に伝達する予算様式が必要であり、OMFが現在予算の効率性と有効性を改善する予算プロセス、予算、組織構造の運営上の検討を行っていることが指摘されている。

　第四は、業績情報の活用であり、SEAをはじめとする部局の業績報告が、意思決定を通知し、政策決定へのコンテクストを提供するのに用いられることもあるが、これらの活用は一般的には非公式であり、業績データのより体系的かつ計画的な議論が、支出の優先順位を設定するのに必要であること、さらに部局及び市の目標及び目的が達成されている程度を評価するのに役立つことが指摘されている。

(3) ポートランド市におけるMfRモデル

　ポートランド市において、MfRを効果的に実施するためには、具体的にどのような改革が必要であるのか。市監査人局は、現行のマネジメント・システムの統合と、役割及び責任の明確化が必要であることを提示し、**図表12-2**のようなMfRプロセスを提案している。

　図表12-2から示される重要な点は、次の2点である。すなわち、第一に、評価及び報告が、計画設定、予算編成、管理運営に体系的にフィードバックする仕組みであることであり、第二に、MfRプロセスを構成する計画設定、予算編成、管理運営、評価・報告の4つのフェイズが、市全体、部局の目標、長期目標という3つのレベルにおいて連携する仕組みとして形成されている、ということである。この連携は次のように体系化されている。すなわち、まず計画設定において、市のミッションと長期目標の設定、

第12章　海外における公共経営と公会計改革の実践例（米国・ポートランド市）

```
計画設定                予算編成              管理運営              評価及び報告

市のミッション          資源配分及び          プログラム           プログラム戦略
及び長期目標            予算承認              戦略の実施           に関する評価及
                                                                  び報告
上記から議会及び                              標的達成を
マネジャーが開発                              目的として

部局の目標              予算要求の検討        部局の目標           部局の目標に
及び目的                及び                  及び目的             対する進捗度
                        プログラム評価                             の評価及び報
上記が下記の設計                              上記が、次に下記      告
を導く                                        に貢献する

プログラム              資源見積              市のミッション       長期目標に対
及び                    及び予算優先          及び                 する進捗度の
業績測定                順位の確立            長期目標             評価及び報告
```

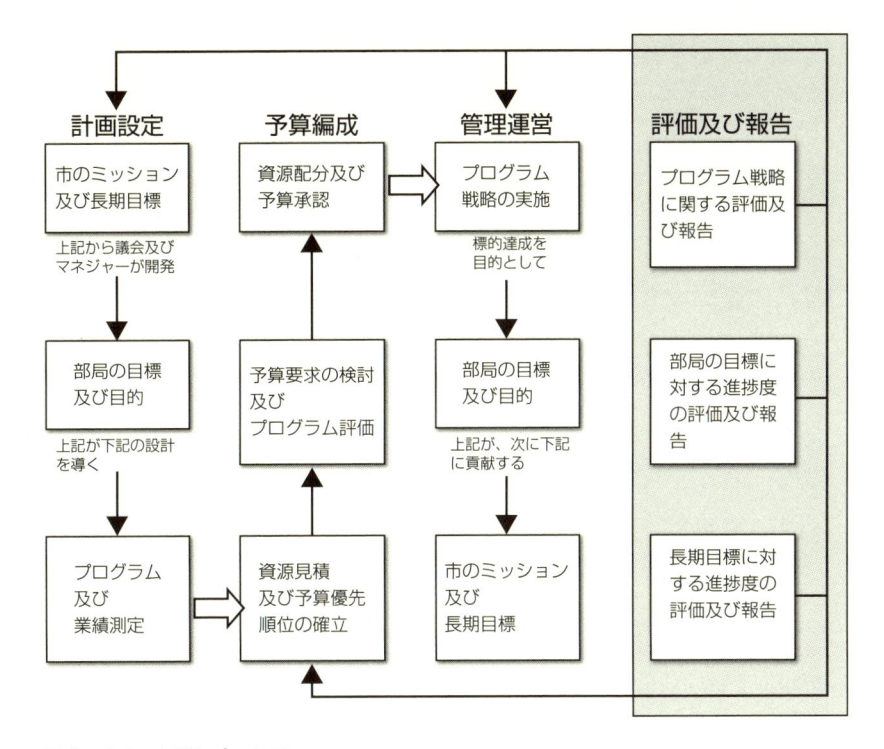

図表12-2　MfRプロセス
（出典）Office of the City Auditor Portland, Oregon, *Managing for Results: A Proposal for the City of Portland*, December 2002, p.31に基づき加筆修正

　それに基づく市議会とマネジャーによる部局の目標及び目的の設定、さらにプログラム及び業績測定の開発へとブレイクダウンされる。このプログラム及び業績測定の開発は、第4フェイズの評価・報告におけるプログラム戦略に関する評価及び報告、部局の目標に対する進捗度の評価及び報告、長期目標に対する進捗度の評価及び報告から情報がフィードバックされ、資源の見積・予算優先順位が確定される。これに基づき、予算要求とプログラム評価の検討、資源配分及び予算の承認という第2フェイズが実施される。この第2フェイズは、プログラム戦略の実施、部局の目的予備目標、市のミッション及び長期目標の達成に向けて管理運営が行われる。第

185

4フェイズの評価及び報告情報が計画設定、予算、運営管理に各々のレベルの目標管理を達成しながら、継続的かつ効果的に活用されることが、このプロセスに示されている。

また、これらのプロセスを効果的に実施するためには、市議会、マネジ

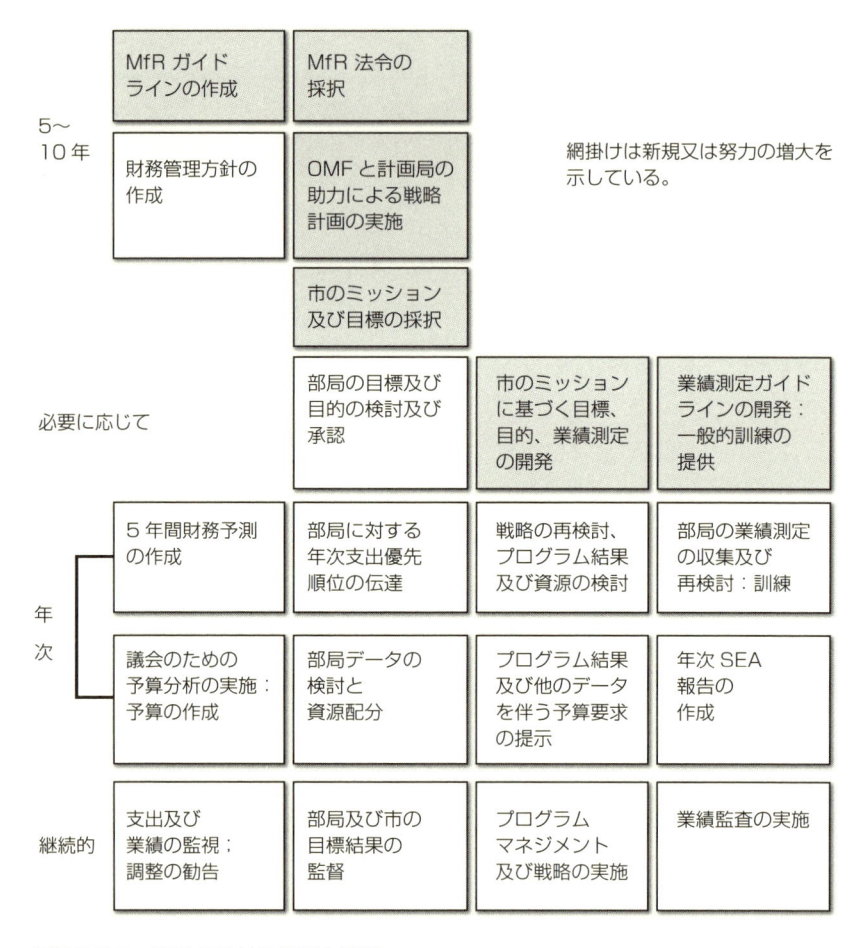

5〜10年	MfRガイドラインの作成	MfR法令の採択		網掛けは新規又は努力の増大を示している。	
	財務管理方針の作成	OMFと計画局の助力による戦略計画の実施			
		市のミッション及び目標の採択			
必要に応じて		部局の目標及び目的の検討及び承認	市のミッションに基づく目標、目的、業績測定の開発	業績測定ガイドラインの開発：一般的訓練の提供	
年次	5年間財務予測の作成	部局に対する年次支出優先順位の伝達	戦略の再検討、プログラム結果及び資源の検討	部局の業績測定の収集及び再検討：訓練	
	議会のための予算分析の実施：予算の作成	部局データの検討と資源配分	プログラム結果及び他のデータを伴う予算要求の提示	年次SEA報告の作成	
継続的	支出及び業績の監視；調整の勧告	部局及び市の目標結果の監督	プログラムマネジメント及び戦略の実施	業績監査の実施	

図表12-3　MfRにおける役割と責任

(出典) Office of the City Auditor Portland, Oregon, *Managing for Results: A Proposal for the City of Portland*, December 2002, p.33に基づき作成

メント・財務局、各部局、監査人局のプロセスに係る4者が、それぞれ責任を分担し、連携することが必要である。これをタイム・フレームを組み込んで示したのが図表12-3である。これから明らかなことは、ポートランド市においても、法制の中にMfRを組み込んで、方法と運用を公式化することが意図されている。すなわち、5年から10年のスパンでOMFが『MfRガイドライン』を作成し、市議会が『MfR条例』の採択、OMFと計画局の助力を得た戦略計画の遂行、市のミッション及び目標の採択が新たな実施項目であることが明示されている。さらに、業績測定を市全体のミッションと目標・目的にリンクするための業績測定ガイドラインの開発、部局の業績測定の収集及び検討が市監査人局に課されていること、部局においても、必要に応じて市のミッションに基づく、部局の目標、目的、業績測定の開発が課されていることが注目される。

column ポートランドの市民参加を支えるネットワーク

i) 市民参加の歴史を持つポートランド市

　ポートランド市は、米国北西部の大西洋岸に位置する、オレゴン州最大の都市である（人口約57万人[5]）。同市は市民参加の取組みでも知られており、ソーシャル・キャピタルの研究者として有名なパトナムは、ポートランド市で市民参加活動が伝播する様相を、ポジティブなはやり病（Positive Epidemic）と称している（Putnam2003）。図表12-4はパトナムの調査の一部である。ポートランド市民が住民のパブリック・ミーティングに参加する比率は他の類似都市と異なり上昇を続けており、市民参加伝播の様子を見ることができる。

---

[5] Environmental Systems Research Institute (2009 Estimates)

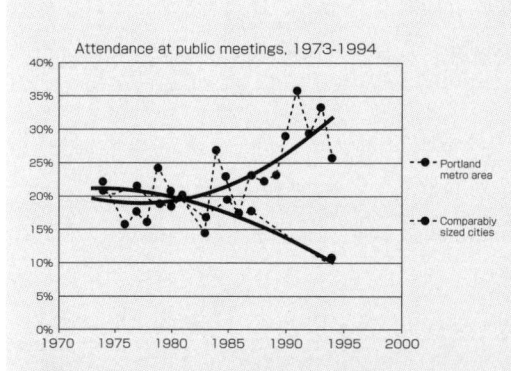

図表12-4 パブリック・ミーティングへの市民参加
(出典) putnum(2003), p243

　ポートランド市の市民参加の歴史は、1970年代の都市開発や、州間高速道路（Interstate freeway System；IFS）整備に関する住民運動まで遡る。当時、既に近隣住民連合（Neighborhood Association；NA）が存在したが、都市開発や道路整備の議論に際して、NAは政府と市民をつなぐ基盤として法的に整備され、70年代半ばに州の全域に広がった。具体的には、NAは住民への情報通知や集会の調整などを通じて、政府から市民への情報提供、市民から政府へのパブリック・フィードバックに貢献した。地域に根差す市民組織という点では日本の自治会とも共通するが、日本の自治会が地域内の取り決めごとの調整が主であるのに対し、ポートランド市のNAは、市民の意見を集約して行政に伝える、つまり行政との調整機能を持つという点で大きく異なる。また、そのほかの市民参加活動も盛んである。例えば、ポートランドでは個人レベルでも市長や公選委員とミーティングをすることができるほか、公聴会への参加も可能である。このようなカルチャーは米国共通のものであり、この点でも日本と大きく異なっている。

ii) 市民参加を可能とするネットワーク

　ポートランド市では、70年代に発展したNAが、今なお重要な市民参加の基盤として機能している。その要因として、支援システ

ムが充実している点が指摘される。ポートランドには95のNAがあり、NAを統括する中間組織として7つの近隣地域連合（Neighborhood District Coalition:NDC）がある。そして、これらのNA，NDCと行政を繋ぐ役割を担うのが、ポートランド市庁内に設置されたOffice of Neighborhood Involvment : ONIである。ONIは、市から市民への情報提供のほか、市民の意見を政府に届けるために、市民の効率的な意見集約にも取り組んでいる。政府の問題は、市民だけでも、行政だけでも全てを解決できるわけではない。住民側、行政側の双方でキャパシティ・ビルディングに取り組むことが重要であるというのが、ポートランドの考え方である。

iii) 行財政サービスにも発揮される市民による外部監視機能

積極的な市民参加の姿勢は、財政運営にも反映されている。ポートランド市では、予算編成のプロセスにも市民参加の仕組みが整っている。予算編成委員会には、公選された市長および政策決定者（コミッショナー）と、同数の市民から構成されており、その審議は公開されている。つまり、選挙だけでなく、委員会でも市民の意見が反映できる仕組みとなっている。予算執行に関しても、市民に向けた情報公開が積極的に行われており、政策決定と予算配分、予算執行にかかわるPDCAサイクルの各段階で市民からのフィードバックを得るための情報提供体制が整っている。その一例として、監査局（Office of city auditor）によるサービス水準および達成に関するSEA報告（Service Efforts and accomplishment : SEA）がある。政府の活動は資金移動だけでは説明されない。限られた資源でいかに有効にサービス提供を行ったかが重要である。利益という集約された指標で示すことが難しい行政サービスであるが、ポートランドでは、一貫性があり、かつ議会等での意思決定にも有用な情報を提供することを目的に1990年よりSEA報告を継続的に開示している。そこでは、警察、消防、環境サービスなど、行政サービスを提供するのに用いられたコストや、サービス提供による効果（例えば犯罪の減少など）を客観的に検証することができる。行政サービスの有効性にかかわる情報提供については、財務報告にもそ

の特徴を見ることができる。日本の自治体の財務報告は、単なる財務諸表の開示に留まるケースが多い。これに対して、ポートランド市の財務報告は、決算数値の提示にとどまらず、その有効性に関する評価データも示されている。例えば、ポートランド監査局では、アニュアルレポート（Comprehensive Annual Financial Report：CAFR）に加えて「ポートランドの財政状況とその持続可能性　将来のリスク軽減のために今、取るべき行動」"Portland's Fiscal Sustainability and Financial Condition Actions now can reduce risk of future problems"（2011）というレポートを発行している。そこでは、数値開示に留まらず、市民の議論を喚起するような、ポートランド市が抱える問題等についても解説されている。

iv）日本へのインプリケーション

わが国において、自治体は中央政府による行政上の地域区分という意識が強い。これに対して、米国では、都市経営システムそのものが、市民の議論の積み重ねで構築されてきたという背景の違いがある。しかしながら、わが国においても、高齢化社会における都市機能の在り方、震災への対応など、地域に応じて今後の在り方を議論する必要性に迫られている。政府と市民のコミュニケーション基盤を整えるにあたって、ポートランド市の事例は参照すべき点が多い。わが国でも、政府と市民が考えを共有するためのストラテジック・プランニング・プロセスを構築し、課題やミッション、ビジョンを共有することで、よりよい公共経営を目指すことが求められる。

参考資料・参考書文献

・Amalia Alarcon de Morris, Paul Leistner "From Neighborhood Association System to Participatory democracy – Broadening and deepening Public Involvement in Portland, Oregon" (2009), National Civic Review, Volume98, Issue2. Summer 2009. PP.47-55, Wiley Periodicals, Inc.

- Robert D. Putnam, Lewis M. Feldstein, Better Together Restoring the American Community (2003) Simon & Schutter
- Office of the City Auditor Portland "CITY OF PORTLAND
- 21st ANNUAL COMMUNITY SURVEY RESULTS" (2011) , City of Portland,Oregon
- Office of the City Auditor Portland "Comprehensive Annual Financial report, fiscal Year Ended June30, 2011" (2011) , City of Portland,Oregon
- Office of the City Auditor Portland "Portland's Fiscal Sustainability and Financial Condition Actions now can reduce risk of future problems" (2011) , City of Portland,Oregon
- 岡部一明（2009）『市民団体としての自治体』御茶の水書房
- 小林麻理（2002）『政府管理会計―政府マネジメントへの挑戦』敬文堂
- http://www.portlandonline.com/　ポートランド市ホームページ
- http://www.oregon.com/　オレゴン州ホームページ

第 **13** 章

海外における公共経営と公会計改革の実践例（カナダ・オンタリオ州）

　カナダ・オンタリオ州地方政府において実践されている都市業績測定プログラムを取り上げ、業績測定にアウトカム評価を組み込む手法を紹介しよう。

1　オンタリオ州地方政府における業績測定プログラム

　オンタリオ州では、地方政府が納税者に対してサービス提供の業績を測定し、報告を行うことを求める「都市業績測定プログラム」（the Municipal Performance Measurement Program: MPMP）を自治体の参加を得て2000年に開始した。MPMPを実施する目的は次の4点である。すなわち、第一に、業績測定は業績改善に役立つ、第二に、業績測定によりアカウンタビリティが強化される、第三に業績測定により生産性と創造性が創出される、第四に、業績測定により予算編成プロセスが改善する、ことである。

　このプログラムは、地方政府が提供する10の中核的なサービス領域をターゲットとし、40の業績測定指標を設定するものであり、効率性と有効性の両者を住民の視点から測定することを意図している。ここで、中核

的なサービスとは、①地方政府において主要な支出項目である、②地域および地方政府の関心領域である、③住民に高い利害と価値がある、④比較的収集の容易なデータがある、⑤地方政府の責任の下にあるという5基準を満たすものである。中核的なサービスをターゲットとすることにより、業績評価を効果的に行い、戦略計画にフィードバックして、地方政府の住民に対するサービス提供の質を高めることが意図されていると評価できる。

2　MPMPにおける目的と業績評価指標の明確化

地方政府は、どのように主要なサービス領域の業績評価を実施するのか。MPMPはまず、各サービス領域に対し、目的、測定が効率性と有効性のいずれを基準とするのか、それに対してどのような測定指標が設定されるのかについて、**図表13-1**に示されるとおり明確化している。

業績評価が、サービスの目的に基づいて、効率性、有効性のいずれをターゲットとすべきなのかを決定し、それに基づき測定指標が設定されていることに注目すべきである。

第13章　海外における公共経営と公会計改革の実践例（カナダ・オンタリオ州）

汚水処理			
サービス領域	目的	測定基準	測定指標
汚水回収	効率的な都市汚水回収サービス	効率性	汚水管1キロメートル当たり汚水回収コスト
汚水処理	効率的な汚水処理サービス	効率性	メガリットル当たり汚水処理コスト
汚水回収・処理統合システム	効率的な汚水管理システム	効率性	統合システムとしてメガリットル当たり汚水回収・処分コスト
汚水管バックアップ	下水処理マネジメントより環境および健康に対する悪影響を防止する	有効性	年間汚水管100キロメートル当たりバックアップ数
汚水補助管管理	汚水処理マネジメントにより健康に対する悪影響を防止する	有効性	補助管管理を行うための見積汚水比率
ごみ処理			
ごみ収集	効率的なごみ収集サービス	効率性	1トン当たりまたは1世帯当たりごみ収集コスト
ごみ処理	効率的なごみ処理サービス	効率性	1トン当たりまたは1世帯当たりごみ処理コスト
固形廃棄物処理（リサイクル）	効率的な固形廃棄物処理サービス	効率性	1トン当たりまたは1世帯当たり固形廃棄物リサイクルコスト
統合システムとしての固形廃棄物マネジメント	効率的な固形廃棄物マネジメント	効率性	1トン当たりまたは1世帯当たり固形廃棄物マネジメントの平均コスト
ごみ収集およびリサイクルに関する苦情	ごみ収集およびリサイクルの改善	有効性	ごみ収集およびリサイクルに関する年間苦情数
市が保有している固形廃棄物管理場の総数	固形廃棄物管理施設基準の遵守	有効性	州の環境基準に適合している固形廃棄物管理場の総数
固形廃棄物管理施設の遵守状況	市の固形廃棄物施設が環境に負の影響を与えない	有効性	大気または土壌基準に関する是正命令を環境当局が行う1年当たり日数

図表13-1　MPMPの例
（出典）Ministry of Municipal Affairs and Housing, *Municipal Performance Measurement Program*, pp.9-11に基づき作成

3　MPMPにおける業績評価指標のカスタマイズ

さらに、MPMPにおいては、業績評価が地方政府の異なる外部環境、

内部環境に応じてカスタマイズされる必要があることを前提として、次のようなプロセスの重要性が指摘されている。すなわち、第一に、サービスを提供するミッションの明確化、第二に、サービスにより達成しようとする重要な結果の識別、第三に、望ましい結果を得るために業績測定指標を選定する、というプロセスである。サービス・ミッションの明確化に当たっては、「サービスが何か」に対し「サービスのアウトプット（効率性）」が、「誰がクライアントか」に対し「顧客の便益対インパクト（有効性）」が、「なぜサービスが必要か」に対して「戦略的アウトカム（有効性）」という結果を対応させて、作成すべきことが示されている。**図表13-2**は、業績測定の結果について具体的に示すものであり、**図表13-3**は、ミッションの明確化と結果とのリンクを示す例示である。

	サービス・アウトプット（効率性）	顧客の便益/インパクト（有効性）	戦略的アウトカム（有効性）
ごみ埋立地管理 ミッション：安全な環境を確保し、健康を保護するために、住民および企業・組織から固形廃棄物を収集し、管理する	固形廃棄物処理	サービス時間の最小化	環境および健康の保護 ごみ埋立地キャパシティの最大化
情報サービス：ヘルプライン ミッション：市のサービスに対するアクセスを改善するために、費用有効的な情報および市民に対する問題解決サービスの提供	ヘルプライン・サービスを提供する	ニーズを充たすサービス対応時間の改善 市民満足	市のサービスに対する市民のアクセスの改善

図表13-2　サービス・ミッションと重要な結果の明確化の例
（出典）Ministry of Municipal Affairs and Housing, *Municipal Performance Measurement Program*, 2003, p.24に基づき作成

　望ましい結果を生むための業績測定指標の選定には、業績測定システムの開発が不可欠である。しかも、アウトカムを直接評価することは困難であり、間接的な指標を用いて評価を行う必要があることも事実である。このため、MPMPにおいては、満足度調査、モニター評価、需要統計、テスト・スコア、進捗報告をはじめとするさまざまな手法の活用が提示され

	サービス・アウトプット（効率性）	顧客の便益/インパクト（有効性）	戦略的アウトカム（有効性）
ごみ埋立地管理	固形廃棄物処理1トン当たり処理コスト 1トン当たり機械時間	平均待ち時間 平均サイクルタイム	環境基準を充たす遠隔土壌・大気監視テスト比率 平均廃棄物量 キャパシティを超える見積年数
ヘルプライン	1時間当たりサービスコスト 平均時間（分）	サービス別年間援助数 要請から問題解決まで平均所要時間 情報ニーズが充たされたが、問題解決が十分行われたと答えた顧客数	電話によりアクセスされたサービスに対して、調査の結果、ヘルプラインによるサービスが適切で有用だと答えた顧客数および比率

図表13-3　望ましい成果を生むための業績測定指標の例
（出典）Ministry of Municipal Affairs and Housing, *Municipal Performance Measurement Program*, 2003, pp.26-27に基づき作成

ている。これらを活用し、単位原価の測定のみならず、質の評価を行うことが重要である。

第14章

海外における公共経営と公会計改革の実践例（韓国）

1 韓国における公会計改革[1]

　1997年アジア通貨危機に陥った韓国政府はIMF管理体制を受け入れ、企業に複式簿記と発生主義会計の導入を義務付けた。同時に公会計分野でも本格的に複式簿記と発生主義会計制度の導入が検討され、公共部門の信頼性と透明性の確保を目指すことになった。この導入を主導した政府機関は財政経済部（現企画財政部）と行政自治部（現行政安全部）であり、前者は中央政府を、後者は地方自治体を担当した。

　現在、韓国では導入した発生主義会計制度の定着期に入っている。複式簿記は住民に対してわかりやすく財政情報を説明する資料として、あるいは政策決定者に判断材料として提供されている。また韓国政府は原価計算制度の導入や連結決算体系の構築を推進している。資産会計の体系化、管理会計のマニュアル化、財務諸表の改善および成果管理への反映、財務情報の信頼性および活用、人材不足を補う専門家の育成など、公会計制度の体系的構築に向けて研究や改善が続けられているのである。

　本章では韓国公会計改革がどのように進められたのかを俯瞰したあと、

---

[1]　韓国では公会計を「政府会計（정부회계）」と呼ぶ。本章では日本での通称として便宜上「公会計」という用語を用いる。

積極的に財務管理会計の改革を進めている富川市の事例を紹介し、発生主義会計制度の導入に関して理解を深めていくものである。

2　韓国における公会計制度改革の推進

(1) 公会計制度改革の背景

　韓国における公会計制度改革の議論は、1990年代中盤からはじまった。議論の契機は1980年代に生まれた英国の新公共管理（NPM）や米国のレーガノミックスなど先進諸国における公的部門の民営化や規制緩和などの改革動向に韓国の研究者が注目したこと、韓国内における民主化の進展と地方自治制の復活などにより新たな公会計制度を考える必要があったことが遠因である。

　韓国の公会計制度改革が導入に向け実際に動き出したのは、1997年に起きたアジア通貨危機の影響が大きい。

　韓国は金大中政権の発足以前からIMFからの救済融資を受けており、同政権発足直後よりIMFの要求を実行しなければならなかった。すなわち、この時期の韓国経済は①通貨と為替政策、②財政政策、③金融セクターの再編、④金融構造改革や産業構造改革などといった政府主導から自由市場を重視する経済政策への転換を推し進めなければならなかった。特に金融制度改革では、会計監査制度の充実・ディスクロージャー制度の整備・会計基準の国際化など会計制度の改革も含み、国際市場との適合性を図りながら外資を誘致し、かつ市場の自律的規律維持を要求した（徳賀 2001,21-41）。

　IMF管理体制の下での金融や企業経営に関わる制度改革は、公的部門にも信頼性や透明性を高める社会的要求につながった。すなわち、民間企業と同様に公的部門の財政を管理・運営するための公会計制度の改革が強調されたのである。

以上のような背景から金大中政権下において公会計改革が進められることになったが、同政権は多くの改革を同時に進行しなければならなかった。特に同政権では地方自治制度の導入は単なる公約としてだけではなく国家体制や行財政管理自体にも大きく影響を及ぼす。このため公会計制度の改革は中央政府と地方自治体の2つの政府次元で同時に進めなければならない国政課題となった。

(2) 公会計制度改革の指針

　複式簿記と発生主義会計制度の導入に関して大統領秘書室を中心として研究が行われ、そののち中央政府に関しては財政経済部が担当し、地方自治体では行政自治部が国政課題として推進することになった[2]。

　財政経済部が作成した「政府会計制度の改編方向―複式簿記および発生主義の体系の拡大導入の検討―」では、当時の公会計制度における問題点を4つ挙げている。

　第一は、既存の会計制度では財政の統括的・体系的現状把握が困難であった。政府の財政活動は歳入・歳出予算、国有財産、物品、国家債権・債務に区分され会計処理されているが、連結性はなく断片的に管理されており、連結財政状態計算表などが未整備であった。

　第二は、国家資産・負債に対する明確な認識に限界があった。すなわち、現金主義会計の限界である。政府資産や負債に対する概念が経済的価値の側面から成立しておらず、法的な管理・義務といった側面からのみ羅列してあるだけあった。このため、将来の国家財産に影響を与える資産・負債を的確に認識できなかった。また公務員や軍人の年金支給に関しても政府の負担を毎会計年度ごとに認識し実質的負債として管理しているにもかか

---

[2]　日本の行政機構に当てはめるとき、財政経済部（現企画財政部）は財務省、行政自治部（現行政安全部）は総務省の役割と類似する機能をもつ。

わらず、国家債務として認識していないため、支給時期に一括して歳出予算に反映されていた。

　第三に、建設中である資産の場合、完成した後に国有財産として登記され、建設期間中は別途に管理することができなかった。すでに予算が投入された部分に対しては国家財産として管理することが妥当であるが、それを管理する術がなかった。

　第四に、自己検証や会計間の連携性を分析する機能が欠如していたことである。政府会計はそのほとんどが単式簿記で処理され資産や負債、現金収支など、各台帳に独立して記録され、取引の構成内訳を体系的に理解し計上する体系が未整備であった。

　第五に、実質的・体系的な会計処理基準が欠如していた。当時の会計関連法令は予算・会計・決算に関した事項をすべて含んでおり、内訳として会計処理に関した基準というよりは行政運営や事務管理の指針的な性格をもっていた。規定の内容が法規や予算遵守、現金統計に関した事項に焦点をおくため、財政の効率性や成果測定が不可能であり、多様な情報を欲する情報利用者への要求に対応できなかった。また公共基金の場合、「基金管理基本法令」に作成される決算書類の名称だけ列挙されており、日常的な会計処理指針に対しては個別に基金設置に関わる根拠法令により断片的に規定され、統一的会計処理の指針が整備されていなかった[3]。

　これらの問題を改善するため、中央政府は基本方針として、①公共部門の競争力と政府財政の健全性を確保できるように政府活動の体系を構築すること、②体系構築のために公会計に複式簿記と発生主義を導入すること、の2つを挙げた。運営面では、①長期的で将来を見据えた財政管理基盤を造成すること、②公共部門の生産性向上と競争力の強化のために有用な会

---

[3]　一部の基金では日常的に会計処理する単式簿記および現金主義に基づいて決算するとともに複式簿記および発生主義に基づく決算書類を作成する事例があった。そのため、国民年金基金および雇用保険基金は発生主義の原則、作業訓練促進基金や障碍者雇用促進基金は現金主義の原則に則って会計処理するように根拠法令でそれぞれを規定することが必要だと提起されていた（재정경제부 국고국 1998년 12월）。

計情報を提供できるようにすること、③政府財政活動の透明性と責任性を確保すること、以上3点を要求した。

(3) 公会計制度改革の推進

当初、中央政府の推進計画案は公会計基準を制定してから2003年には全面的に施行しようとするものであったが[4]、公会計制度改革は公共部門の会計制度を根本的に改編するものであり、十分な研究と制度導入に関した検討を行う必要があった。このため、中央政府では導入に関わる必要措置として、①公聴会の開催、監査院などの関係部処[5]との協議などを通じて制度導入の可否、改編方針に対する経済界や産業界の意見を十分に取り入れること、②政府会計制度改善推進協議会を設置すること[6]、③公会計基準を作成するため公共部門における取引の類型分析などの基礎作業を行うこと、④政府会計基準諮問委員会[7]を設置すること、⑤会計担当公務員に対して必要な教育を行うことを挙げていた。

しかしながら、この改革案でも部処間の調整や会計システムの構築などに要する時間をあまり考慮しないものであった。このため、複式簿記会計制度の段階的な導入により、試験的運用を通じて学習し、新たな制度導入で生じる混乱と障害要因を最小化することが図られた。

財政経済部は中央政府の改革を進めるにあたり、会計法人に外国事例の

---

[4] 1999年「公会計基準の制定」、2001年「政府会計間の連結性を強化し、政府全体の財政状態と財政運営収支を総括的に表示した連結決算書などの作成、2000年同会計年度から新たな会計制度を導入し普及させながら施行、2003年「全面的に施行」。

[5] 「部処」とは日本における省庁を意味する。

[6] 協議会の構成は委員長(国庫局長)、幹事(会計制度課長)を置き、原則として所管会計の規模が大きい部処、制度改善が優先的に実施される会計・基金などの所管部処の課長級をもってして構成され、必要に応じて参席範囲を調整するものとしている。

[7] 政府会計基準の制定および実務適用に関連した重要な事項の決定時に必要な諮問のため10名以内の会計専門家で構成される。構成案では韓国徴税研究院で博士水準の者、会計学の教授、公認会計士、ほか会計関連の専門家となっている。また各々の専門家は各団体から推薦してもらえるように依頼するものとしている。

調査・政府取引の類型分析・基準制定などを依頼するとともに、公会計基準委員会を設置し、調査結果を吟味し会計法人が作成した公会計基準の草案について検討・改善を加えた。2004年には公的部門全般にわたる電算システムの構築を目指して、デジタル予算会計企画団が設置され、2005年にシステム推進基盤を整備し、2006年にはデジタル予算会計システムを構築し試験運用を開始した。同年に公会計基準委員会は国家会計制度審議委員会に改変され、新政権の下で同審議委員会は国家会計基準の試案を完成させることになる。

根拠法として2007年に発生主義会計制度の導入を盛り込んだ国家会計法が制定され、同法の中で国家会計に関連した事項を総合的に審議し調整するための機関として国家会計制度審議委員会の設置も明記されることになった。同年にはデジタル予算会計システム「dBrain」も本格的に稼働した。こうして2009年1月1日からの施行を目指しながら、運営にあたり必要となる国家会計基準や関連業務規定などの諸規定が整備され、国家会計基準の基本体系が完成することになる[8]。

一方、行政自治部は地方自治体の会計担当者、学者、公認会計士などを集め、会計制度改善協議会を設置した[9]。この協議会の答申に基づき、1999年4月に発生主義会計基準と電算システムの開発を会計法人や地方行政研究院、システム開発業者に委託し、2001年3月に地方自治体の会計基準試案が作成されるとともに、電算会計処理システムであるLADI（Local Government Accrual Accounting and Duble-entry Information System）が開発された。同年に地方自治体である富川市と江南市で会計処理システムの試験的運用が行われ、決算財務諸表も公的に作成された。また試験運営自治体も毎年拡大し、2003年9か所、2004年63か所、2005年には全

---

[8] 2010年には国家会計法により国家会計基準関連の業務を委託・受託する国家会計基準センターが設立され、発生主義会計制度の定着と発展のために運営されている。

[9] 金景浩（2001）「韓国の公会計の改革進展に対する評価と課題」（日韓公会計改革シンポジウム、主催：早稲田大学パブリックサービス研究所、日時：2011年8月30日（火）、場所：早稲田大学 早稲田キャンパス8号館B101）の報告に基づく。

国自治体で運営されることになった。こうした拡大とともに同年に行政自治部内部に地方自治体の会計制度全般に対して審問・審議する地方政府会計基準審議会を設置し、会計基準試案の検討・改善を進めることになる。2006年に会計基準は完成し、同年11月に行政安全部令として会計基準が制定され、2007年1月1日から本格的に全国自治体で運営されるようになった。2008年1月からは行政安全部は標準地方財政管理システム「e-戸曹（e-호조）」を開発・配布し全国の自治体で使用されることになった。

中央政府	地方自治体
・「政府部門の複式簿記会計制度導入推進」発表（財政経済部，1998.5） ・政府会計基準委員会　設置（2000.2） ・政府会計基準（試案）公聴会開催（2002.5） ・デジタル予算会計企画団　設置（2004.4） ・政府会計基準の試案　完成（2004.7） ・開始財務諸表の試験作成など基本準備事項の完了（2004.12.24） ・12ヶ所の部処で試験運用（2005） ・国家会計法制定案の立法予告（2006.5.26） ・2006年8月　全中央官庁を対象に試験運用を実施 ・2008年1月1日　本格施行	・複式簿記導入の試験計画　完成（1999.2） ・地方自治団体の会計基準研究案に関した公聴会の開催（2000.7） ・地方自治団体の会計基準（試案）完成（2003.9） ・地方会計基準審査委員会　設置（2003.8） ・地方会計基準公開草案（Exposure Draft）完成（2004.5） ・全自治体に試験運用を拡大（2006年） ・法的根拠（地方財政法改正・公布）（2005.8） ・2007年1月1日　制度施行 ・2008年　財務報告書作成および公示

図表14-1　望ましい成果を生むための業績測定指標の例
(出典) 한국지방행정연구원(2006).'정부회계개혁신과 복식부기제도의 발전방안', 『KRILA Focus 』제8호．p.6．(韓国地方行政研究院(2006)「地方会計革新と複式簿記制度の発展方案」『KRILA Focus 』第8号．p.6．)

3　地方自治体における公会計改革の推進：富川市の事例

（1）地方自治体における公会計改革

韓国における公会計改革は中央政府主導で推進されてきたといわれる。担当部処である行政安全部は韓国内のすべての地方自治体に対して統一性

のある公会計制度の導入に大きな役割を担っている。「e-戸曹」システムの導入に関しても各地方自治体に導入させるとともに、発生主義会計制度に関する教育も行っている。しかしながら、地方自治体の実際の業務や運営方式を正確に理解していなければ、改革で導入されるべき複式簿記や発生主義会計システムの構築は困難である。一方、各地方自治体でも公会計改革を独自で推進するのは財政力や専門人力といった物理的な面で困難であり、中央政府からの指導や支援に頼らざるを得ない。中央政府指導で公会計改革が推進されているとはいえ、制度構築にあたっては相互補完的な役割分担がなされているといえよう。

地方自治体における公会計改革の事例として、次に挙げる富川市は、2001年11月から2003年9月まで1次試験機関として複式簿記と発生主義会計制度を導入した2つの地方自治体の1つであり、現在も原価会計制度の試験運用に指定された11の自治体の一つとして積極的に財務管理会計に関する研究と改革の推進を行っている。

(2) 富川市における複式簿記会計の推進

1998年金大中政権の標榜する「国民の政府」が発足し、政府は複式簿記会計制度導入に関して迅速に検討をはじめた。1999年2月には行政自治部において地方自治体における公会計制度改革の推進計画が策定され、同年4月に行政自治部は富川市と江南区を複式簿記導入試験機関として指定した。この指定を受け、両自治体では本格的に複式簿記と発生主義会計制度の導入に向けて検討することになった。富川市と江南区では行政安全部からの支援を受け、韓国地方行政研究院（法律や会計基準に関する事項）・会計事務所（複式簿記に関わる計算方式など）・電算システム（複式簿記会計電算システムの開発）の業務を依頼するとともに、市庁内（区庁内）にタスクフォースを設置し、業務委託先業者と公務員の協働体制が構築された。2002年1月には複式簿記の電算システムであるLADIが完成し両自

治体の全部処での試験運用がはじまることになった。

　試験運営の結果、発生主義会計情報の自動算出が確認されるとともに、実際に運用するときも特別な専門的知識を必要とせず、会計処理の効率性と業務軽減が可能であるとの同意を各地方自治体の議会や会計担当者から得ることになった。

　図表14-2は富川市における複式簿記会計の推進経過を表したものである。2002年に富川市で開発・運営された複式簿記会計システムは2003年

年月日	内容
1998.12.21	中央政府国政改革課題として選定推進
1999.2.12	複式簿記導入の試験機関の指定
2002.1.1	複式簿記会計システム（LADI）を開発、市・区・洞の全部処で導入・運営
2002.9	財政改革優秀機関　行政自治部長官　機関表彰
2003.6	複式簿記全国市連会（富川市にて開催）
2003.7	国際予算会計比較研究会（CIGAR）から財政改革優秀地方政府として選定（ノルウェー・オスローで発表）
2003.11	全羅北道庁など7つの自治団体でLADIシステム導入
2004.3-6	自治経営革新全国大会　最優秀賞受賞
2004.6	監査院監査（複式簿記推進推進・全般的な推進事項の監査）
2004.8	全国地方自治体会計課長複式簿記　研鑽会（行政自治部、富川市の合同開催）全国ではじめて2003年度連結財政報告書を作成（富川市）
2004.12	全国拡散対備　複式簿記指針書　完成（行政自治部主管として富川市で関連専門家と合同作業）
2005.11	LADIシステムを基盤として標準化システム（DAIS）構築、全地方自治団体に普及（行政自治部）
2005.12	すべての資産を類型化
2007.1.1	すべての地方自治体で施行
2008.1.1	作業別予算制度導入に地方財産管理システム（e-戸曹）全国で使用
2009.	財務報告書作成:地方議会提出（2010.6）および公示（2010.8）
2011.7.1	原価会計試験運用機関選定
2011.10.27	富川市・韓国政府会計学会学術セミナー開催（テーマ:財務会計導入の成果と今後の発展方案）

図表14-2　富川市の複式簿記会計の推進経過
(出典) 富川市（2011.12）.『財務情報の信頼性・活用性の向上のための方案を完成させるための学術セミナー』報告書.富川市（日時:2011年12月15日,場所 富川市庁 3階ホール）p.9-p.10.より作成。부천시（2011.12）.「재무정보의 신뢰성・활용성 제고방안 마련을 위한 학술세미나」보고서, 주최 부천시（일시 2011년 12월15일, 장소 부천시청 3층 소통마당）p.9-p.10.

に7つの地方自治団体で導入され、2005年には標準化システムとして全国地方地方自治体に広められている。現在、全自治体で使用されている電算会計システム「e-戸曹」システムが導入されるまで、開発から約10年ほどかかっている計算になる。この間、大きな障害もなく全自治体で定着できたのは、行政自治部が複式簿記会計システムを段階的に導入させてきたこと、複式簿記会計の導入成果を富川市が積極的かつ逐次的に広報し普及に努めたということが理由として挙げられよう。

(3) 原価計算準則の導入推進

2010年から2011年にかけて行政安全部は地方自治体の原価計算準則を発表し、この試験運営を通じて財務情報の活用向上を図ろうと計画した。すなわち、財政運営報告書の表示方法を企業会計で用いられる財政運営報告書の方式に則り、地方自治団体の特性に合わせて原価を表示する方式に変更するものである。富川市は同計画においても試験運用を行う11の団体として選定された。**図表14-3**は富川市における原価会計制度の導入推進過程を示したものである。

富川市では、複式簿記の導入に伴う成果をもとに、資産会計の整理・体系化を図ること、管理会計をマニュアル化し効率性を上げること、財務諸表の改善し成果管理へ反映すること、財務情報の信頼性および活用の向上を図り市民に対する説明責任を果たすこと、公務員の教育および専門的な内容についての教育などを計画しており、すでに一部は試みられている。特に合理的意志決定に必要かつ有用な会計情報が事例別に産出され提供されるようにマニュアル化を図り、政策決定者の判断材料として、費用–便益分析や機会費用の算出を試みている。

具体的な試験事例として、費用–便益分析では廃棄物前処理施設の竣工処理について、機会費用についてはレジャー・スポーツセンターの竣工遅延に関する算出が発表されている（부천시 2011,43-71）。

第 14 章　海外における公共経営と公会計改革の実践例（韓国）

```
「地方自治体の会計基準に関した規則」制定　（2007.1.1 施行，附則 ①項に原価計算準則
施行）

「地方自治団体の原価計算準則」制定　（訓令第185号,2010.12.7）
-事業別の原価を計算して成果管理および予算編成などに活用できる基盤を構築。

地方財政管理システム（e-戸曹）内に原価システムを開発

「地方自治団体の会計基準に関した規則」制定　（府令第219号,2011.5.20官報掲載）
-原価計算準則の適用のための財務報告書策定基準および書式など変更。

原価会計制度の試験運用説明会　（2011.6.28,政府中央庁舎 C/Sルーム）
-試験運用機関として選定された11の自治団体として参加。

地方自治団体11ヶ所選定,2010会計年度　原価会計試験運用　（2011.7-10）

2012年（全自治団体で試験運用）→2013年（全自治体で施行）
```

図表14-3　原価会計制度の導入推進過程
(出典）부천시（2011.12）．「재무정보의 신뢰성・활용성 제고방안 마련을 위한 학술세미나」보고서．주최 부천시（일시 2011년 12월15일, 장소 부천시청 3층 소통마당） p.6-7．（富川市（2011.12）．『財務情報の信頼性・活用性の向上のための方案を完成させるための学術セミナー』報告書.富川市（日時：2011年12月15日,場所 富川市庁 3階ホール）) p.6-7．

　廃棄物前処理施設（MBT）竣工処理に関して事業継続の場合と中止の場合とに分けて、費用−便益分析を行った。この場合、施設補完後に竣工処理する場合、純便益が22億7千万ウォン、契約解約の場合、純便益がマイナス50億2千万ウォンと分析された。この費用−便益の分析結果は便益が最大化され、費用が最小化される政策代案を選択するための判断資料となった。

　レジャー・スポーツセンターの竣工前に安全診断を行うか否かについて機会費用の産出を行った。当初計画では直ちに竣工することになっていたが、この場合、機会費用は4億5千万ウォンであり、安全診断した後に竣工する場合は機会費用はマイナス1千万ウォンと分析された。このため市庁側では機会費用が相対的に小さい「施設安全診断後に竣工」という政策判断を下すことになった（강영백 2011.10.28）。

4 韓国における公会計改革からの示唆

　ここまで概略的に韓国における公会計改革の推進背景から今日に至る流れを追ってきた。韓国が公会計に複式簿記と発生主義会計制度を早期に取り入れたのは先進諸国における公的部門改革に敏感に反応するとともに、IMF管理体制を一つの契機として公会計の透明性と信頼性を追求した結果であった。同時期に実施された地方分権化政策により新たな公会計制度は民主主義的な会計制度として認識された。推進過程においても中央政府が主導的役割を果たしながらも地方自治体が主体となり、公会計制度の構築と電算システムの標準化が進められた。現在、その成果は着実に現実の政策形成の場で使用され、判断材料として活用され、国民に政策決定や行政コストについて説明する材料ともなっている。

　日本では中央政府において発生主義会計が導入されたが、いまだ試験運用の域を出ない。また地方自治体は韓国以上に長い歴史があり分権化が進んでいるという見解があるが、行政の透明性や説明責任の意識については遅れていると言わざるを得ない（東京都 2006.9,p.97）。

　韓国の公会計制度改革は、日本の公会計制度が必ずしも先進国水準ではないということを知らせる事例であり、我々は迅速かつ持続した改革の必要性を認識しなければならない。

参考文献

・小林麻理（2002）.『政府管理会計 政府マネジメントへの挑戦』敬文堂.
・清水涼子（2012）.「第2章　韓国に学ぶ公会計・公監査の近代化」法と公会計研究班『行財政改革と公会計』研究叢書第46冊,関西大学法学研究所, 75-160.
・徳賀芳弘（2001）.「韓国における金融危機と会計制度改革」『経営研究』第51巻第4号.大阪市立大学.21-41.

- 東京都（2006.9）「新公会計制度説明会―官庁会計に複式簿記を〜東京都の試み〜」報告書.平成18年7月27日実施.
- 강영백（2011.10.28）「부천시, 복식부기 회계제도 도입 10년-'변화와 성과'」『더부천』부천시.（http://thebucheon.com/article/article_view.php?num=16408&acd=144&bcd=167）（ガンヨクパク（2011.10.28）「富川市,複式簿記会計制度導入の10年-変化と成果」『ザ富川』富川市）
- 김동완（2003.8）.「지방자치단체 복식부기 회계제도 도입의 Roadmap」『정부회계연구』정부회계학회.（キムドンワン（2003.8）「地方自治団体 複式簿記 会計制度導入のRoadmap」『政府会計研究』政府会計学会.）
- 한국지방행정연구원（2006）.'정부회계획신과 복식부기제도의 발전방안', 『KRILA Focus』 제8호.（韓国地方行政研究院（2006）「地方会計革新と複式簿記制度の発展方案」『KRILA Focus』 第8号.）
- 부천시（2011.10）.『2011 부천시・한국정부회계학회 추계학술세미나 '재무회계 도입 성과와 앞으로의 발전방안'」 보고서」,주최 부천시・한국정부회계학회.（일시 2011년 10월 27일, 장소 부천시청 2층 어울마당）（富川市（2011.10）.『2011 富川市・韓国政府会計学会 秋季学術セミナー「財務会計導入の成果と今後の発展方案」報告書』 主催 富川市・韓国政府会計学会.（日時 2011年10月27日,場所 富川市庁舎 2階ホール））
- 부천시（2011.12）.「재무정보의 신뢰성・활용성 제고방안 마련을 위한 학술세미나」 보고서,주최 부천시（일시 2011년 12월 15일, 장소 부천시청 3층 소통마당）（富川市（2011.12）.『財務情報の信頼性・活用性の向上のための方案を完成させるための学術セミナー』報告書.富川市（日時:2011年12月15日,場所 富川市庁 3階ホール））
- 행정안전부 회계공기업과（2008）「발생주의·복식부기회계에 기반한 재무정보 인프라 구축」（行政安全部 会計公企業課（2008）「発生主義·複式簿記会計の基盤となる財務情報インフラ構築」）
- 지방재정세제국 재정관리과（2011.6）「지방자치단체 원가회계 시범운영 계획」（地方財政税制局 財政管理課（2011.6）「地方自治体の原価会計 試験運用計画」）
- 재정경제부 국고국（1998.2）「정부회계제도의 개편방향-복식부기 및 발생주의 체제의 확대도입 검토」（財政経済部国庫局（1998.2）「政府会計制度の改編方向-複式簿記および発生主義体制の拡大導入の検討」）

執筆者紹介

[編著者]
小林麻理　（第1章、第2章、第3章、第5章、第12章、第13章）
早稲田大学大学院政治学研究科教授、早稲田大学パブリックサービス研究所所長。
著書に『政府管理会計』敬文堂（2002年）、共著『公会計改革』日本経済新聞社（2006年）、編著『地方自治体は重い負担に耐えられるか』早稲田大学出版部（2011年）など。

[著者]
天川竜治　（第11章）
宇城市総務部財政課財政係長。
1992年入庁。2008年監査法人トーマツへ民間派遣、2011年4月より現職。宇城市においてバランスシート等の作成・分析を担当。早稲田大学パブリックサービス研究所招聘研究員。

城多　努　（第7章2）
広島市立大学国際学部准教授、早稲田大学パブリックサービス研究所招聘研究員。
専門は公会計、公共経営、高等教育機関の財務・会計。

坂上順子　（第6章3）
城西大学経営学部非常勤講師。早稲田大学パブリックサービス研究所招聘研究員。
外資系金融機関にて与信審査業務等に従事。審査部長を経て、2010年より現職。

佐藤綾子　（第6章1・2、第12章コラム）
早稲田大学パブリックサービス研究所招聘研究員。千葉商科大学非常勤講師。
早稲田大学大学院公共経営研究科修了。UBS証券会社株式調査部シニア・アナリスト、マネージング・ディレクターを経て現職。

柴　健次　（第4章、第8章）
関西大学教授。震災とディスクロージャーを考える会代表。
日本ディスクロージャー研究学会名誉会長、日本会計教育学会会長。現在在外研究中でスペインのアルカラ大学客員教授。2013年4月より早稲田大学訪問学者。早稲田大学パブリックサービス研究所招聘研究員。

高橋謙輔　（第10章）

北上市保健福祉部健康増進課課長（2012年度時点）。
2001年度から2011年度までの北上市における行政経営及び行財政改革の主担当者。早稲田大学パブリックサービス研究所招聘研究員。

中村虎彰　（第14章）

韓国ウソン大学校ソルアジアサービス融合学部准教授、韓国流通経営学会理事。
専門は比較行政学、比較地方行政学。

中山雄二　（第9章）

静岡県経営管理部行政改革課副班長。
早稲田大学パブリックサービス研究所招聘研究員。

松尾貴巳　（第8章）

神戸大学大学院経営学研究科教授。
神戸大学社会科学系教育研究府高等アクションリサーチ・ユニット長。
日本原価計算研究学会副会長，元公認会計士試験委員、早稲田大学パブリックサービス研究所招聘研究員。

森田弥生　（第7章1）

パブリックサービス研究所招聘研究員。
主なに『内部統制の要点Q&A―構築・評価・監査の実務―』社団法人金融財政事情研究会（2007年）、編著『会計実務ライブラリー11　ディスクロージャーの実務』中央経済社（2010年）他。

公共経営と公会計改革

2013年2月10日　第1版第1刷発行

編著者　小　林　麻　理
　　　　©2013 Mari Kobayashi

発行者　高　橋　　考
発　行　三　和　書　籍

〒112-0013　東京都文京区音羽2-2-2
電話 03-5395-4630　FAX 03-5395-4632
info@sanwa-co.com
http://www.sanwa-co.com/
印刷／製本　倉敷印刷株式会社

乱丁、落丁本はお取替えいたします。定価はカバーに表示しています。　　ISBN978-4-86251-146-1　C3033
本書の一部または全部を無断で複写、複製転載することを禁じます。

三和書籍の好評図書

Sanwa co.,Ltd.

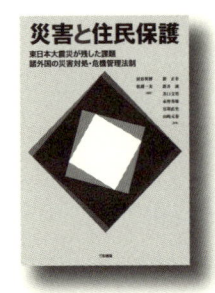

災害と住民保護
（東日本大震災が残した課題、諸外国の災害対処・危機管理法制）

浜谷英博／松浦一夫［編著］
A5判　並製　274頁　定価3500円＋税

●災害対策においてわが国が抱える実態面と法制面からの徹底した現状分析と対処措置の是非を論じ、さらに欧米各国の災害対策制度の特徴を詳細に論じる。

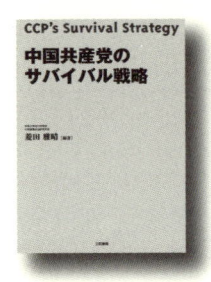

中国共産党のサバイバル戦略

法政大学法学部教授・菱田雅晴［編著］
A5判　上製　520頁　定価：6000円＋税

●中国共産党は1970年代末の改革開放政策着手によってもたらされた環境の激変から危機的様相を強め、今や存続が危殆に瀕しているのか。それとも逆に危機を好機としてその存在基盤を再鋳造し組織を強固にしているのか…。中国共産党の戦略を鋭く分析する。

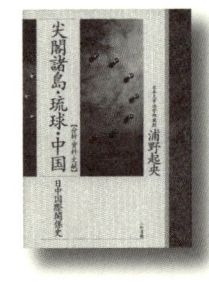

増補版　尖閣諸島・琉球・中国
【分析・資料・文献】

日本大学名誉教授・浦野起央 著
A5判 290頁　上製本　定価：10,000円＋税

●日本、中国、台湾が互いに領有権を争う尖閣諸島問題……。筆者は、尖閣諸島をめぐる国際関係史に着目し、各当事者の主張をめぐって比較検討してきた。本書は客観的立場で記述されており、特定のイデオロギー的な立場を代弁していない。当事者それぞれの立場を明確に理解できるように十分配慮した記述がとられている。

意味の論理

ジャン・ピアジェ／ローランド・ガルシア 著　芳賀純／能田伸彦 監訳
A5判 238頁 上製本 3,000円＋税

●意味の問題は、心理学と人間諸科学にとって緊急の重要性をもっている。本書では、発生的心理学と論理学から出発して、この問題にアプローチしている。